GJT

Anno 2015

Dello stesso autore:

Pensieri Biologici - 2003 Edizioni Nuove Scritture
Verità Relativa - 2005 Sofia Editore
Il cacciatore di pietre - 2010 Edizioni Odissea
Scritti alla fine del mondo - 2012 Sofia Editore
Manuale di sopravvivenza all'imminente implosione del Sistema - 2014 Sofia Editore
Contaminazione - 2014 Sofia Editore
Il punto di vista di Dio – 2015 Angelica Editore
Le nuvole nell'acqua – 2015 Edizioni Teatro delle Stelle

e-mail: *j.tirelli@virgilio.it*

Liberati dai fantasmi, affrontali a testa alta e fanne carne da macello - perché la vita inizia quando finisce la paura.

*Dedico questo libro
alle tante anime orfane
della gioia di vivere.
A loro offro la mia
esperienza e le armi
necessarie per colpire al
cuore la Bestia
depressione.*

Gianni Tirelli

LA CASA DI GHIACCIO
La mia medicina contro il mal di vivere

Edizioni dell'Orso

Premessa

Ho scritto questo testo alcuni anni dopo essere risorto a nuova vita da uno stato depressivo che mi aveva imprigionato all'interno di una casa di ghiaccio e che mi impediva ogni contatto con il mondo reale costringendomi dentro un'abissale solitudine, quando la depressione con il suo scudiscio mi lacerava le carni e l'anima. Così ho cominciato a pensare, ad analizzare, a scavare, e ho scavato a tal punto che mi sono ritrovato dall'altra parte nella medesima condizione, e peggio ancora.

In quel momento ho capito una cosa essenziale, che se vuoi uscirne vivo "e ritornare a riveder le stelle", non devi fare altro che dimenticare, ignorare e seppellire per sempre i tuoi fantasmi dentro l'oblio di ciò che è stato, con tutta la rabbia e la determinazione del caso... vivere il presente, avere un progetto e immaginare un domani migliore, cosa che nessun psicologo, psicoterapeuta o psichiatra che sia, ti dirà mai. Perché oggi il disagio esistenziale e il suo indotto sono un business miliardario per medici e multinazionali farmaceutiche, che sulla tua "non guarigione" e dipendenza farmacologica accampano le loro insanguinate fortune.

Non mi sentivo per niente bene in quel periodo di tanti anni fa, così decisi (un po' per curiosità e un po' per gioco) di concedermi alle grinfie di uno psicologo.

Feci tre sedute, durante le quali io parlavo e lui ascoltava. Alla fine di ogni mio monologo (dopo avere consultato un grande orologio che troneggiava sulla parete di fronte), lo psicologo si alzava, e dall'alto delle sue presunte capacità taumaturgiche, mi *liquidava con un semplice: "Bene... ci vediamo martedì pomeriggio".*

Io gli allungavo 70.000 lire, e mi accompagnava alla porta con un formale saluto di circostanza.

Non tornai più. Gli avevo insegnato così tante cose in quelle sole tre sedute, che avrebbe dovuto essere lui a pagare me.

Così decisi di guarire, facendo leva sulla mia forza di volontà, intelligenza e spirito di sopravvivenza.

Il solo modo per uscirne è contare sulle proprie forze – essere medici di se stessi, per non dipendere a vita da un "illusionista" che specula sulle tue paure per farsi la villa al mare e mantenere l'amante.

Gianni Tirelli

LA BESTIA NERA

A quel tempo potevo avere sì e no una trentina d'anni, quando la "bestia nera" mi entrò dentro senza alcun preavviso, senza bussare, senza mai in precedenza avere mostrato alcuna intenzione di volersi accasare all'interno della mia anima. Così aveva deciso, e la sua permanenza fu lunga e crudele. Nulla sembrava potermi liberare dall'estrema solitudine di quella casa dalle pareti di ghiaccio che mi imprigionava al suo interno.

Mi sentivo un animale ferito a morte, braccato, senza via di scampo, e a nulla valse ricercarne i perché e le cause, in una sorta di analisi introspettiva che facesse luce su ciò che di più terribile mi fosse mai capitato e nemmeno potuto immaginare. Tutto alla fine si avvitava su se stesso senza un ben che minimo risultato incoraggiante.

Fu allora, dopo diversi anni di sterile lotta, che decisi di cambiare la mia strategia ribaltando completamente l'approccio con la Bestia Nera.

Avevo ben compreso l'inutilità di ogni mio sforzo volto alla comprensione di un tale indicibile tormento; un esercizio di autoflagellazione che produceva tali "effetti" devastanti sulla mia psiche, che qualsiasi altra malattia, patologia o disgrazia conosciuta, era più auspicabile di quel delirio di sofferenza spirituale e fisica che aveva scaraventato il mio essere dentro un

15

buco nero ai confini dell'universo, e dal quale, pensavo, non mi sarei mai più liberato per il resto dell'eternità.

Di questi "effetti" la stessa Bestia si alimentava come il suo miglior pasto, rendendola più forte, presente, e gaudente del suo perverso crimine contro la mia vita.

A quel punto ebbi una visione, un'illuminazione, dando ascolto alla parte più razionale del mio essere che, con tutta la sua furia mi impose di dimenticarla, di non considerarla, di annientarla mentalmente, e fare di lei cenere nel vento. Sapevo che altre strade non esistevano, se non quella di fare perno sulla mia forza di volontà, recuperando tutte quelle risorse che stavo disperdendo fra le sfere dell'autocommiserazione e di un'indagine psicoanalitica senza sbocchi.

Così mi fu imposto di diventare un guerriero, per infilzare dritto al cuore quel mostro informe generato dal fuoco dell'inferno, e che a tutti i costi voleva succhiarmi la vita per saziare la sua ingordigia di dolore, di paura e di morte.

Sì, ci volle del tempo, ci volle metodo e disciplina, pragmatismo e coerenza, determinazione e autocontrollo, ricordandomi ad ogni istante che la vita, prima di allora, era ciò che di più straordinario e sacro la natura mi avesse concesso, e che nessun al mondo mi poteva sottrarre un tale diritto.

Detto fatto, misi in vendita la mia casa di Milano per trasferirmi in un piccolo bordo sulla costa jonica della Calabria.

Fui accolto dalla gente del luogo con un calore che avevo dimenticato, e in quella nuova casa che guardava il mare, diedi fondo a tutte le mie energie per rendere quella dimora perfetta e che in parte a-vrebbe partecipato a dissolvere i fantasmi profanatori della mia anima.

In seguito acquistai della terra piantumata di olivi, mandorli, limoni, concentrandomi a tempo pieno sul lavoro manuale. Così dissodavo, seminavo, potavo gli alberi da frutto, risistemavo antiche porcilaie di pietra, e resi quel vecchio rudere dimenticato un romantico rifugio d'amore.

L'aria salubre di quel luogo e l'attività fisica mi stimolavano l'appetito. Incominciai a riprendere peso. I muscoli e i tendini del mio corpo riacquistavano il vigore, l'elasticità e lo scatto di un tempo, mentre le pareti della "casa di ghiaccio" si scioglievano al sole di una nuova rinascita. Sì, finalmente potevo vedere oltre le mura gelide di quella oscura prigione.

La bestia, non sentendosi considerata e isolata dalla mia mente, giorno dopo giorno allentava la presa. Ma non diedi alcuna importanza e attenzione alla cosa, perseverando nel mio intento come se Lei non fosse mai esistita.

Nell'arco di un solo anno la mia vita cambiò radicalmente, e tutti i miei sogni, aspirazioni e passioni, tutto e dico tutto, si materializzarono come per incanto.

La nascita della piccola Sofia fu il coronamento della mia vittoria su quell'incubo ad occhi aperti dove la vita e la morte si confondevano come l'acqua di fonte con la latrina.

Di tutto questo ringrazio la mia compagna, per la sua totale complicità e condivisione di ogni mia scelta – la ringrazio per non avermi commiserato, consolato, per non avere dato troppo peso ai miei lamenti, né dato credito alle mie paure. La ringrazio per avere

17

capito che la sua comprensione e compassione sarebbero state per me un male ancora peggiore dentro il quale crogiolare il mio dolore e vittimismo.

Lei sapeva, come in fondo io sapevo, che questa battaglia contro la Bestia, all'apparenza impari, avrei potuto vincerla solo io, e io soltanto.

Il "male oscuro" colpisce sempre più persone nel mondo, ma nessun farmaco sarà mai in grado di restituire loro la voglia di vivere perduta.

Solo la terra e la natura possono compiere il miracolo, solo la passione può infondere volontà e consapevolezza, e solo l'amore per la vita, per ogni forma di vita, placare le nostre ansie, le paure e ogni tormento.

Oggi sono un guerriero, e la pace abita il mio cuore.

LA CASA DI GHIACCIO

Alina, figlia di un noto editore letterario milanese, mi confidò un giorno di essersi innamorata di un affascinante ingegnere informatico di Lucerna (città della svizzera tedesca,) che spesso faceva visita al padre per motivi di lavoro. "È la sola cosa che desidero di più al mondo", *mi ripeteva con aria trasognata, mentre io, conoscendola profondamente, dubitavo di quella scelta avventata, non ritenendo il soggetto in questione adatto a una personalità così complessa, come lo era quella di Alina; emotivamente fragile, sensibile e, per molti versi, anticonformista e introversa.*

Lei non era semplicemente bella e attraente, la naturalezza del suo stile, la classe e il regale portamento, si traduceva in una tale femminilità da incutere un reverenziale timore.

Ne ero assolutamente ammaliato e avrei giurato che la sua anima condivideva con la mia, lo stesso identico sentimento. E la sua mente? La sua mente lo sapeva?

Io non feci nulla per dissuaderla da quel suo convincimento, anche se in cuor mio, ahimè, non presagivo niente di buono.

Arrivò quel giorno, e si sposò, e tutto appariva perfetto, quasi predestinato, ma in quella sua ilare e quasi ostentata allegria, io scorsi una pungente vena di dolore.

A quella festa di matrimonio c'era tutta la residua borghesia bene di quei tempi, e in quell'apparente sfarzo, si respiravano sobrietà e leggerezza mescolate ad un'eleganza esente da ogni orpello.

Tempo dopo Alina, con il suo "principe", si trasferì a Lucerna in una grande villa rinascimentale con parco all'inglese e porticciolo posto sulle rive dell'omonimo lago.

Ci sentimmo al telefono in un paio di occasioni durante le quali, Alina, mi rassicurava della sua condizione fisica e mi esprimeva tutta la sua felicità.

Poi, più nulla! Venni a sapere dal padre, qualche anno più tardi, che era diventato nonno di due splendidi bambini, biondi come il grano, e in quell'occasione, mi espresse tutta la sua gioia e la commozione.

Alina era felice, e le mie infauste previsioni dovettero capitolare di fronte alla schiacciante realtà dei fatti. Mi domandavo se fosse reale, il fatto che io potessi volere il male di Alina, e che l'attrazione nei suoi confronti, sconfinando nella gelosia, avesse potuto alterare la mia capacità di analisi.

Sette anni più tardi, in quell'opprimente pomeriggio d'inverno milanese, Alina mi chiamò: "Sto male, Gianni!" - mi disse - "Molto male... e non ce la faccio più". Così mi raccontò della sua depressione, dei ricoveri in prestigiose cliniche psichiatriche - degli infiniti farmaci e terapie, del dolore insopportabile che si era impadronito di ogni parte del suo essere.

Il suo continuo piagnucolio, che faceva da sottofondo al suo sbiascicato rendiconto, quasi mi irritava, e al tempo stesso mi riempiva di angoscia. "Voglio morire" mi disse alla fine, e non le seppi rispondere.

"Ciao, ti voglio un mondo di bene!", *concluse - e chiuse il telefono.*

Alina aveva tutto ciò che si poteva desiderare, ma non era ciò che voleva veramente. Ma Alina questo non lo sapeva!

Il fascino dell'ingegnere, ricco e di buona famiglia, non aveva però rimosso le sue paure, né l'incantevole e sognante dimora sulle rive del lago con il suo parco principesco, dentro il quale splendidi cani di razza si rincorrevano tutto il giorno, abbaiando a immaginari e improbabili intrusi.

Quei due splendidi marmocchi biondi e bene educati, diversamente dalla normale logica, avevano aggravato ulteriormente la sua già precaria condizione, sentendosi irresponsabilmente incapace di amarli. Né la corte di domestici, le nurses, i giardinieri, i ricevimenti mondani ai bordi della piscina incastonata fra svettanti palme tropicali, avrebbero mai potuto placare la morsa delle sue paure. Quello che veramente desiderava il cuore di Alina, non era nulla di tutto questo, ma Alina non lo sapeva.

Qualche mese dopo quella telefonata, mise fine alla sua esistenza con una potente dose di psicofarmaci.

DISSERTAZIONE - IL DISTURBO PSICHICO NELLE SOCIETÀ MODERNE

"Dobbiamo stroncare quella bidonatura pseudo culturale che fu/è la psicanalisi e materie affini; se non altro, per la pericolosità della sua applicazione. Chi passa la propria vita nell'ambiente corrispondente, finisce sempre per trovarsi in crisi a causa dell'inadeguatezza del metodo e della falsità del suo impianto teorico.

Non parlo neanche dell'antropologia freudiana, la quale per fortuna è stata ampiamente superata da assunti ben più convincenti. Rilevo solo che gli epigoni dell'interpretazione psicanalitica presentavano la materia come "scientifica".... il che è tutto dire. Perché quando dici "scientifico", dici "rigoroso e provato"... ed è una pretesa alquanto discutibile.

Chi entra nei meandri contorti della tecnica/pratica diviene schiavo dell'elucubrazione mentale fine a se stessa, e il trauma non lo supera mai, a meno di non abbandonare un'area di sofferenza per abbracciarne un'altra. Ne ho conosciuti troppi di casi relativi. In questo ambito, a differenza per esempio della politica, bisogna essere doppiamente cauti... sia per se stessi, sia per gli altri che magari possono ritrovarsi a seguire consigli non troppo vantaggiosi".

L'ossigenazione degli organi, dei muscoli e del cervello, è l'effetto di un'attività fisica costante nel tempo, senza la quale si rischia di vanificare i benefici che una corretta alimentazione consapevole andrebbe a produrre. La demenza senile, il morbo d'Alzheimer, gli stati depressivi, e tutte le varie patologie tumorali e neurologiche, sono in buona parte le degenerazioni innescate da uno stile di vita innaturale e sedentario, causa la quale viene ridotta ai minimi la quantità di ossigeno necessaria a rendere vitale e produttiva ogni parte del nostro essere. Ergo, una delle cause scatenanti l'insorgere del disturbo psichico è l'inattività; un'immobilità protratta nel tempo che ci solleva da ogni sforzo fisico, in nome di una comodità invalidante, causa dell'atrofia di organi e muscoli, e costringe l'individuo ad una introspezione forzata senza sbocchi allo scopo di decifrare i motivi e le cause di una tale condizione.

Gli individui delle civiltà contadine ne erano immuni, perché concentrati ad impiegare le loro energie dentro un rapporto costante (a tempo pieno) con la terra e la natura, fatto di fatica e di passione, capace di produrre appagamento, serenità e armonia. La natura fungeva da schermo, impermeabile a tutto ciò che in un modo o in un altro rischiava di minare l'ordine originario delle cose. La sopravvivenza del singolo, del nucleo famigliare o del gruppo, era prioritaria a tutto il resto. Questo impediva alla psiche di avvitarsi in questioni di pertinenza di quello stato di squilibrio che appartiene alla sfera del relativismo, dove l'interesse particolare, il vizio, la perversione e la dipendenza, sono anteposti alle scale di valori, ai principi etici, e a quei parametri di riferimento connaturati all'origine sulla base dei quali l'individuo determinava l'oggettività e la bontà delle sue scelte.

Nelle società occidentali consumiste, il disturbo psichico si è attestato a una vera e propria pandemia. Diversa è la condizione dei popoli "sottosviluppati", occupati come sono a sopravvivere alla giornata, e ritenendo un tale esercizio mentale un lusso per sfaticati, oziosi e perditempo.

In alcune circostanze (oggi sempre più rare), follia e pazzia sono l'espressione ultima di uno stato o condizione di innocenza protratta nel tempo fino all'età adulta. In tutti gli altri casi è il risultato di un'introspezione maniacale; una sorta di autolesionismo, di martirio volontario inconscio, nonché il prezzo dovuto e preteso dal nostro spirito per avere noi snaturato le ragioni del nostro esistere.

Il disturbo psichico/psichiatrico, è dunque l'effetto di quel processo analitico di introspezione che il soggetto avvia su se stesso immaginando di potere individuare i motivi del suo disagio, per poi rimuoverlo.

In verità, la psicanalisi è la più grande bufala di questo secolo, e per dirla alla Sigmund Freud, "una peste".

Lo spirito che dimora dentro ogni cosa visibile e non, è l'espressione della fertilità e dell'energia cosciente, in assenza delle quali non c'è che illusione, follia e caos.

Lo spirito dell'uomo interagisce, e in genere simpatizza con tutti gli altri spiriti del creato, ma in modo particolare e costante con gli spiriti della terra, delle acque, degli alberi e dell'aria, in una sorta di simbiosi, di scambio mutualistico, attraverso il quale si nutrono, si evolvono e si moltiplicano.

24

Quella che oggi definiamo una "depressione", in sintesi, non è altro che il drammatico scollamento che "la società dei consumi" ha prodotto fra l'uomo e la natura, e quindi fra le varie e infinite entità spirituali - e nessun figlio al mondo può essere felice senza la propria madre.

Le nostre paure più perverse, attacchi di panico, le infinite forme nevrotiche ed altro ancora, non sono che il risultato di questa frattura.

Oggi siamo sommersi dal Nulla, avvolti dentro un dolore pungente dal quale non ci possiamo liberare. E non servono farmaci, droghe e isterica allegria, per lenire il nostro dolore esistenziale! È tempo di pacificazione con la natura; abbandonare le città per affondare le nostre mani nella terra - zappare, seminare, raccogliere e, in fine, sperare. Questa è la sola e vera conoscenza e medicamento e cura per tutti i nostri mali.

L'infiacchimento deresponsabilizzante innescato dal processo industriale liberista, ha prodotto quello che oggi è l'uomo immobile; una larva molle e viscida, priva e privata da ogni capacità reattiva, consapevolezza e senso della realtà; un individuo incapace di veri sentimenti, costretto ad uno stato di "dissociazione" perenne che ha alterato ogni confine fra la follia e la realtà.

Del resto, anche la qualità e la forza delle emozioni sono il risultato di impegno, di consapevolezza e discernimento. Tutti questi fattori fanno capo a quell'impulso rigeneratore e rivoluzionario che trasforma l'uomo in credente e l'immobilità in azione: la forza di volontà.

Le inette, pavide e rammollite società liberiste occidentali, incancrenite e imbrigliate dentro uno stile di vita sedentario e parassitario, sono destinate (a breve) a soccombere di fronte all'invasione delle popolazioni dei paesi più poveri; individui mobili, forti, volenterosi, sani, passionali e pronti a ogni tipo di difficoltà e di sacrificio.

La nostra, diversamente, è una società di vecchi rimbambiti e di tanti giovani refrattari ad ogni sforzo fisico (retoriche eccezioni a parte) che pianificano la loro vita di fronte a beceri programmi televisivi di intrattenimento, cellulari, slot machine, computer e video giochi, la cui portata diseducatrice e destabilizzante, è totale.

La tanto decantata società del benessere ha partorito dei mostri, degli zombi; individui geneticamente modificati dalla sistematica assunzione di ormoni, estrogeni, coloranti, conservanti, aromi sintetici e intrugli chimici, infiacchiti fino all'inverosimile nel corpo e nello spirito da comodità invalidanti, dipendenze strutturali e disinformazione, ottemperando così alle regole stereotipate di un libretto di istruzioni che il Sistema Bestia ha consegnato loro in dote al momento della loro venuta al mondo, e che gli stessi interpretano alla lettera in ogni suo punto, comma e nota.

Così sono costretti a declinare ogni ragionevole sforzo, adattandosi ad una sorta di baby prepensionamento e trascorrendo il resto della vita di fronte ad un computer, ingrassando a dismisura e precarizzando la loro salute, fisica e mentale.

In verità, l'evoluzione è quel processo in grado di rendere semplice ciò che prima era complicato. L'esatto opposto di ciò che il Sistema Bestia ci ha fatto credere fino ad oggi, complicando la nostra esistenza a tal punto da avere ridotto l'individuo a schiavo consenziente dei suoi meccanismi e strategie di manipolazione e omologazione di massa. Un individuo al quale sono state sottratte le libertà più elementari e naturali; un soggetto perennemente malato, infelice, afflitto da infiniti disturbi fisici, psichici, e da patologie tumorali le più svariate, ridotto alla stregua di larva da un'infinita lista di effimere comodità che la Bestia Liberista ha spacciato come sinonimo di progresso, di civiltà e di benessere. Un uomo non uomo dunque, incapace di affermare un qualsiasi giudizio critico, di rendersi autonomo, privo di slanci rivoluzionari e di autentici sentimenti di solidarietà, di giustizia e di amore. L'esatto opposto dell'uomo primitivo, libero e autosufficiente, in grado di adattarsi, di procurarsi il cibo, pragmatico e semplificatore, logico e intuitivo; il vero evoluto per eccellenza, maestro di vita, scevro dalla complicazione di ragionamenti improduttivi e retorici, che alla parola e al pensiero anteponeva l'azione, il bisogno, il gioco, la festa e la gioia della sua immaginazione trascendente.

L'individuo moderno non è il risultato dell'evoluzione ma di una degenerazione della coscienza collettiva che lo ha portato a asservire il progetto demoniaco di un Sistema necrofilo che sull'immobilità dell'individuo ha consolidato il suo perverso potere. E attraverso la meccanizzazione tecnologica ha reso complicato ciò che di base era semplice.

LA SALUTE NON È FREUD!

"La sofferenza umana ha molteplici aspetti e il disagio esistenziale si caratterizza nella mancanza di senso della vita, e nell'angoscia derivata da questo vuoto di valori e significati. La terapia esistenziale raccoglie diversi approcci che hanno tutti in comune il principio di riconoscere che ogni persona vive in un mondo proprio di significati e sensazioni personali. Si centra l'attenzione sull'essere nel mondo, sulla coscienza di sé, sulla possibilità di compiere scelte consapevoli che poi contribuiscono al nostro destino. L'assunzione di responsabilità è la base per cambiare! Lo sfuggire a questo, genera colpa esistenziale, la consapevolezza in fondo di scegliere di non decidere".

Oggi, che tutto è ribaltato e brancoliamo nel buio di un mondo al contrario fatto di contraddizioni, illusioni, debolezze e becere dipendenze, anche il famoso motto di Giovenale, *"Mens sana in corpore sano"*, (Satire, X, 356), si scontra in maniera stridente con la realtà di una società di individui squilibrati e smarriti, tale da capovolgerne il senso e il suo significato ultimo. Per tanto, la salute mentale non è più la risultante di un corpo sano, ma l'esatto contrario: *"Un corpo sano in una mente sana"*.

Gli individui delle "moderne" società occidentali consumiste, sono afflitti da una infinita serie di disturbi, malesseri e patologie di natura organica e psicologica, che ne compromettono ogni più remoto barlume di benessere e di autentica felicità. È sulla base di un tale parametro che si misura il grado di civiltà e di progresso di un popolo, venendo a mancare il quale, tutto si riduce a mera illusione, isteria e dipendenza.

Mal di testa, emicranie, bruciori di stomaco, dolori articolari, insonnia, eiaculazione precoce, sterilità, emorroidi, obesità, stanchezza cronica, stitichezza, calvizie, psoriasi, disfunzioni tiroidee, celiachia, allergie, spasmi muscolari e coliti, non sono che il prodotto di uno stile di vita in totale contrasto e contraddizione con i reali bisogni dell'organismo umano, che per millenni, aveva tratto le sue risorse dai frutti di una natura incontaminata e prodiga, dispensatrice di sostanze dopanti, rigeneranti e curative.

Lo stress, una delle condizioni di disagio più diffuse nel mondo moderno, era un tempo completamente sconosciuto. Poi, con Sigmund Freud, Carl Gustav Jung e compagnia bella, che attraverso la psicoanalisi e l'introspezione forzata, si propone di individuare le cause dei disturbi neurologici (e conseguenti somatizzazioni) dell'uomo tecnologico, partorito dalla rivoluzione industriale, si apre la strada alle multinazionali dello psicofarmaco, che ha fronte di profitti stellari ha debilitato ulteriormente lo stato di salute dei soggetti in cura, acuendone il malessere e innescando un processo di decadimento e di dipendenza.

Nell'uomo di questo secolo maligno si è estinta l'osservazione, la percezione e la capacità di discernimento, avendo noi delegato al Sistema ogni responsabilità oggettiva, personalismo e giudizio critico.

Tutto ciò che in realtà acquistiamo e consumiamo meccanicamente al mercato del Grande Malfattore, non è che la contraffazione sistematica di qualcosa che assomiglia vagamente alla sua forma originaria, ma che nella sostanza è un concentrato di estrogeni, ormoni, fertilizzanti, antiparassitari, antibiotici, "migliorativi", pesticidi, aromi sintetici, coloranti, conservanti e tossine concentrate.

Così un pollo non è un vero pollo, ma una mina vagante pronta a fare saltare il nostro sistema nervoso e destabilizzare quello immunitario, perché incapaci di decifrare e codificare la reale natura dei nuovi intrusi e di reagire di conseguenza. Un tale pollo non ha vissuto felice razzolando nell'aia fra oche, anatre, cani, conigli e gatti ma dietro le sbarre fredde e angoscianti di un loculo metallico, beccando pattume industriale alla luce accecante di una lampada alogena.

Come pensiamo di potere essere belli, in forma e felici, ingurgitando tali diavolerie?

Ma l'esempio del pollo è estendibile a qualsiasi prodotto che sia di origine animale o vegetale. Tutti noi, in verità, siamo quel pollo: tristi e apatici, indolenti e flaccidi, frustrati e depressi, costretti dentro un limbo gelatinoso brulicante di paranoie, ansie e ipocondrie. Una vita apparente, scandita a ogni ora del giorno da acciacchi e malesseri di ogni tipo e genere.

Per tanto, tutta questa montagna di merda che con inaudita crudeltà, il liberismo relativista (in sfregio ad ogni principio etico e deontologico), spaccia per buone e fatte con "l'amore della nonna", finiscono per accanirsi sulla nostra esistenza e quotidianità, acuendo il nostro tormento fisico, morale e psicologico.

È a questo punto che il Sistema Bestia estrae il suo ennesimo coniglio dal cilindro delle illusioni, indicandoci il nuovo miracoloso farmaco al quale ricorrere, peggiorando così ulteriormente la nostra condizione patologica e inducendoci all'assuefazione.

Come può sentirsi appagata una società che si alimenta di cose morte e infelici per definizione? Un'alimentazione alla quale, negli ultimi trent'anni, passo dopo passo, è stato sottratto ogni principio nutritivo e tonificante: una vera pacchia per l'industria della chimica, che con la televisione e la tecnologia, sono in assoluto le più grandi tragedie della storia del mondo, prima ancora dell'evento apocalittico che ha causato la scomparsa dei dinosauri, del biblico diluvio universale e delle epidemie di peste bubbonica.

Noi occidentali, in quanto a bellezza, forma e prestanza fisica, se paragonati alle popolazioni dei "paesi sottosviluppati", siamo gli ultimi della lista. Creme, cremine, botulino, chirurgia estetica, diete, tapis roulant, cyclette e diavolerie meccaniche in offerta sui vari canali televisivi che promettono miracolosi risultati in tempi scandalosamente brevi (previo rimborso), non sono che gli estremi tentativi di una società "alla frutta", connotata da una singolare bruttezza, risultato ultimo di una sedentarietà coltivata e della somatizzazione di ansie, paure e di un congruo numero di disturbi del sistema nervoso; effetti collaterali di un'alimentazione necrofila.

La profonda consapevolezza di ciò che ci circonda e la capacità di immaginare una realtà diversa e opposta da quella che siamo soliti vivere, è la sola opzione che ci consente di decifrare i fatti della nostra esistenza, di analizzarli nella loro oggettività, prenderne atto, e decidere per la giusta scelta.

È la salute, dunque, ciò a cui dobbiamo aspirare! Lei, il dono dei doni; una condizione di totale appagamento fisico, spirituale e sensoriale, che prescinde da ogni status, cultura e spazio temporale. Sì, la salute, dispensatrice di gioia e di autostima, fonte di solidarietà e di pace, forza generatrice di un processo compatibile con i bisogni della comunità, sinonimo di libertà e di tolleranza, di volontà e di speranza - intrinsecamente moderna nel suo significato più corretto, rivoluzionaria, liberatoria, ascetica e divinatoria. L'esatto contrario delle nostre "moderne" società, malate e in cancrena, oppresse e frustrate da quella persistente sofferenza esistenziale e corporale che preclude loro ogni barlume di vera felicità, alimentando l'odio, il rancore negli uomini e la loro sete di vendetta.

LA PERDITA D'IDENTITÀ GENERA PAURA

"Solo attraverso una coscienza pulita puoi vedere le cose nella loro realtà. Se la tua è una coscienza sporca, brancolerai nel buio e vedrai solo ciò che reputi più conveniente - e mentre l'inconscio guiderà la tua vita, chiamerai destino la tua sconfitta".

In alcuni casi lo stato depressivo è la conseguenza di una coscienza affollata da sensi di colpa, ridotta autostima e rimpianti.

Una coscienza pura è quella dimora luminosa, ideale a ospitare lo spirito divino e tutto l'universo, e dove ogni nostro interrogativo trova risposta. Mentre una coscienza contaminata e corrotta è come un pozzo buio, freddo, affollato di dubbi, di paure e avvolto da una frustrante e profonda solitudine.

È solo dalla tua coscienza che puoi attingere alla consapevolezza e, in sua assenza, precludere ogni altra possibilità di vedere il mondo nella sua interezza e verità.

La mancanza di totale consapevolezza negli individui dell'era moderna è l'effetto logico della mancanza di una coscienza.

Ogni comportamento umano che non si attiene alle discipline intrinseche a quei principi e valori sui quali si fondano le nostre scelte, tende a produrre

scorie mentali e detriti morali che vanno ad occlude-
re, ostruire, le finissime trame di quel filtro che è la
nostra coscienza. Mantenerlo pulito è il nostro compito.

Non esistono scorciatoie alternative al sentiero
luminoso della dignità umana. Ogni strategia risulta
essere vana, allontanandoci ulteriormente dalla felicità e dalla comprensione della vita, in netta antitesi
con la volontà primigenia del Mistero.

L'assenza di consapevolezza produce omologazione e paura, costringendo così gli individui ad adeguarsi a una sottocultura dominante, inattiva e monolitica, senza potersi concedere slanci verso
l'esterno, castrando ogni impulso liberatorio e rivoluzionario.

Il percorso che ci conduce alla consapevolezza e
alla felicità è immacolato e ininterrotto, come l'acqua
del fiume che, dalla sorgente, scorre fluida e limpida
dentro l'alveo del suo destino, per poi sconfinare
dentro l'immenso mare delle sue ragioni. Se un
grosso masso, frapponendosi al regolare scorrere
dell'acqua ne interrompe il suo corso, il fiume eson-
derà, allagando e sommergendo ogni forma di vita
circostante.

Questo è lo spaccato delle nostre moderne società liberiste, che per tale motivo non sono in grado di
aspirazioni, personalizzazioni e di rivoluzioni ma co-
strette a sottostare al dogma della paura che ne
condiziona ogni scelta, atto e pensiero.

La paura di essere additato come "diverso" ci fa precipitare in uno stato di angoscia persistente che solo un rientro nell'omologazione, può attenuare.

Così la paura della morte interviene nella nostra vita come un grosso masso, che destabilizza le nostre scelte e mortifica le nostre convinzioni.

È la paura, l'origine prima della depressione – un tormento esistenziale che affonda le sue radici nella mancanza di autostima e personale gratificazione. Le società moderne e consumiste sono permeate da questo disagio invalidante, che finisce con l'appiattire e omologare gli individui dentro una condizione di particolare subalternità, e in molti casi, di schiavitù verso l'idea dominante del Sistema Liberista Relativista; oggi, unico e solo parametro di riferimento relativo.

L'uso politico della paura, brandita come arma attraverso un'opera di mistificazione della verità e di contraffazione della realtà, si prefigge lo scopo di far desistere la gente da scelte oggettive e personalismi, incompatibili con le strategie populiste e demagogiche imposte dal mercato.

La paura indotta dall'incertezza economica, dalla precarietà del lavoro, dall'assenza di futuro, dal trauma della separazione e, ancora, la paura del diverso, sono tutte moderne forme patologiche di paura indotte da una condizione sociale e ambientale già oltre i ragionevoli limiti della comprensione. Tutte quante insieme, sono l'estensione di quel primario disagio esistenziale che si identifica nella paura della morte.

Un tale stato di cose non è che il risultato dell'assenza di spiritualità, congiunta alla perdita di autonomia, di autosufficienza e indipendenza culturale, e più in generale, di quella autentica libertà che trasforma in civile, una società devastata dalla barbarie.

Abbiamo mercificato con il Sistema Liberista Relativista le nostre originarie responsabilità individuali, rinunciando agli indispensabili parametri di riferimento, in cambio di subdole dipendenze, effimera vanità e quotidiana trasgressione.

Ci hanno spacciato licenza per libertà, furbizia per intelligenza, e omologazione per benessere, e tutto questo si è tradotto in paura, incertezza e frustrazione.

Ogni nostro gesto e atto sono filtrati dalla paura; il perno cancerogeno intorno al quale ruota tutta la nostra vita, metastasi di un'esistenza epurata da ogni valore e principio etico.

Quello stato invalidante che condiziona le nostre scelte, i rapporti umani, emozioni e sentimenti.

Era il timor di Dio, un tempo, che salvaguardava l'uomo dai rischi di un crollo – quel naturale sentimento di colpa (oggi estinto per sempre), che come una spia luminosa ci segnalava l'erroneità dei nostri atti e pensieri, causa di ingiustizia e di gratuito dolore.

Talvolta il sentimento della paura è molto grande e potente, incombente e spaventoso, perché senza una causa apparente e senza nome: è il vissuto di angoscia che paralizza. Dietro la morsa di tale vissuto estremo c'è l'imprevisto, l'innominato, il vuoto, il nulla!

Una delle fonti di angoscia del nostro tempo, nasce dall'assenza di una consolidata identità sociale che è trasfigurata in una marcata solitudine nei rapporti con gli altri, e nell'incapacità di riconoscerci nel consorzio umano; nell'Uno che tutti ci comprende.

La cultura prevalente, che rincorre beni materiali nel desiderio di colmare un vuoto esistenziale profondo, ci porta a questa sorta di crisi d'identità.

Pertanto, non esiste nulla al mondo di più terapeutico contro la paura, di una profonda consapevolezza della realtà che ci circonda, e del valore della vita. Se non ne comprendiamo a fondo il suo significato più alto, ogni vera felicità e passione c'è preclusa.

Alcune religioni ancora oggi immuni dal cancro del liberismo relativista, conservano intatta la loro natura trascendente, adducendo alla vita il significato di espiazione catartica, e alla morte, la liberazione da ogni conflitto, per poi ascendere, per diritto divino, verso i prati celesti della libertà cosciente e dell'eterno appagamento. I nostri disagi esistenziali, innescati da quella che per un eufemismo abbiamo definito, la modernità, fanno tutti capo e per vie diverse, al sentimento della paura.

"Il senso di angoscia si sperimenta in tre specifiche condizioni inerenti l'io. Una è costituita dal pericolo che l'io perda se stesso (non riconoscendosi nello specchio), l'altra è che l'io sia totalmente identificato con un altro, e infine che l'io si divida: è la frantumazione dell'esplosione psicotica.

Nella nostra attuale società, che cambia in modo vertiginoso, i ruoli vengono meno. Non è più troppo facile identificarsi nel lavoro, nel genere sessuale, nei rapporti generazionali, nella famiglia. La conseguenza è pertanto una diffusa perdita d'identità che disorienta e che spaventa, generando una psicotizzazione di massa" L.Ottonello

Ergo, se non ridiamo ossigeno alla residua fiammella della nostra consunta volontà, per liberarci da tutte quelle paure che condizionano la nostra vita, avremo perso l'ultima occasione per essere felici. Alfine di scongiurare quella tragedia umana che, come un'ombra nera, si addensa sul domani delle nuove generazioni.

COME LIBERARSI DA UN TRAUMA E DALLA PAURA

"Ebbene, se sono stato, e sono un buon psichia-tra, se ho aiutato i miei matti, ciò è avvenuto per la mia fragilità, per la paura di una follia che si annida dentro di me, per la fragilità che avverto capace di sdoppiarmi, di togliermi la voglia di vivere e di ren-dermi simile a un depresso che chiede soltanto di scomparire per cancellare il dolore di cui si sente plasmato". Vittorio Andreoli

Come possiamo credere di poter sondare, vivise-zionare un TUTTO inscindibile per definizione, scomponendolo in parti Ego, Se, Anima, Coscienza, Spirito, come fossero i pezzi meccanici di un motore a scoppio, separandoli dal resto, per poi riposizionar-li come all'origine?

Freud, Jung e combriccola, operano nella profa-nazione avventurista di una sfera di competenza del trascendente, allo stesso modo di un infante la cui curiosità ossessiva lo porta a smembrare il suo gio-cattolo per vederne il meccanismo interno che lo muove, ma poi incapace di ricomporlo.

Uscire dai postumi di un forte trauma, è come u-scire dalla dipendenza di una droga.

Ricorrere alla psicanalisi introspettiva credendo di poterne rimuovere il problema, la causa, è il più grande errore di valutazione che possiamo fare – così come il tossico non può essere guarito somministrandogli altra droga.

Il solo modo per combattere gli effetti dolorosi del trauma, e in seguito rimuoverlo, sta nella capacità di distrazione nel perseguire un nuovo progetto (orizzonte), sul quale concentrare, anima e corpo la nostra attenzione, tutte le nostre energie e la residua forza di volontà. Allo stesso tempo, e attraverso una pratica metodica e costante di autocontrollo, dovremmo essere in grado (un po' alla volta) di monitorare il nostro dialogo interno, interrompendo quel turbinio parossistico di pensieri e ragionamenti, che la nostra mente proietta autonomamente fuori dalla nostra volontà, e relativo al corto circuito prodotto dal trauma stesso. È solo una questione di allenamento e di metodo, che in breve consiste nello sforzarsi a zittire per un breve spazio di tempo la nostra mente, e con la pratica aumentarne i tempi di pausa.

Ma, il perno centrale intorno al quale ruota questo "squilibrio" è, come sempre, la paura. Una paura che assume varie forme e connotazioni relativamente alla sensibilità del soggetto, in misura della sua interezza e capacità reattiva agli accadimenti non previsti e non concepiti:

- La paura di non poterne e saperne uscire, motivata da una scarsa o assente autostima.

- La paura che gli effetti del trauma si possano ripetere in qualsiasi momento.

- La paura di apparire diversi.

- La paura di non essere compresi.

- La paura di essere i soli al mondo a dover vivere (per la sua unicità) una tale esperienza, e pertanto di ritenere tutti gli altri incapaci di un qualsiasi apporto benefico e rassicurante.

La moderna medicina terapeutica e farmacologica occidentale è dunque il modo peggiore e meno adatto a ristabilire la normalità nel soggetto colpito dal trauma. Al contrario lo danneggia, lo degrada a cavia, a vittima sacrificale delle sue sperimentazioni, aberrazioni, ipotesi e congetture, rendendolo dipendente, asservito alle sue lusinghe, e assicurandosi lauti guadagni per tutto il lungo periodo dell'immaginaria cura. Un individuo, prima del trauma, normale a tutti gli effetti, ridotto a cavia sui cui investire e speculare per mero profitto.

Da tutte le patologie si può guarire, a patto che la malattia faccia il suo naturale e necessario decorso, che esaurisca la sua carica negativa, e taccia ogni allarme. Se gli interventi esterni non sono in linea con l'etica e la deontologia ne interrompono l'evoluzione, e quindi, ne impediscono la guarigione.

Dal trauma, dunque, si può risorgere rimuovendone il ricordo, e liberandoci dal masochismo di analizzarne le cause e gli effetti. Dimenticarsi di se stessi, guardare e vedere oltre. Non c'è niente da scavare ma tutto da seppellire.

Certo è la strada più ardua, ma la sola che ci può condurre alla liberazione dalla paura.

Di seguito ho ritenuto opportuno riportare alcuni commenti dei lettori di "Stampa Libera" all'articolo, che offrono spunti importanti di riflessione.

Commenti

Lettore A) - Concordo pienamente con le critiche sulle torture psichiatriche imposte dalla medicina convenzionale. Mi concentrerei sulla paura indotta che è il perno centrale di tutto l'apparato elitario e di controllo. Questa sfiducia nelle possibilità umane ci fa vivere e subire gli eventuali traumi in maniera profonda fino a penetrare in strati della psiche solitamente integri in un essere umano che si possa definire tale. Il distacco dalla natura ha fatto il resto; la totale ignoranza sulle fondamentali leggi universali e terrestri e la razionalità issata a idolo d'oro. Finché persisteremo ad avere paura, nessun cambiamento interiore o miglioramento collettivo potrà essere possibile. PSICHE in greco significa "anima". La psichiatria dovrebbe studiare e lenire i mali della nostra anima, non della testa o della mente. Per quella c'è la "neurologia". Finche abbiamo paura, noi inconsciamente ringrazieremo per aver subito un trauma e rimarremo attaccati alla sofferenza facendola parte di noi - cresceremo con lei e quando magari qualcuno ci offrirà aiuto per rimuoverla, non accetteremo mai.

Vi faccio un esempio. Sono appena diventato padre di una splendida bambina, e la mia compagna ha deciso di partorire in casa. Non vi dico le maledizioni e le ansie indotte dai familiari da cui ci siamo dovuti schermare ... Viviamo nella paura - la tua stessa famiglia non ti protegge ma contribuisce ad ingigantirne gli effetti. L'anno scorso siamo stati in sudamerica, in Peru abbiamo conosciuto una donna in una tribù che dopo 2 aborti e un figlio morto in culla di un anno e mezzo, invece di vivere nella paura ha deciso di sorridere farsene una ragione e sfornarne 6 di figli. Se fosse stata in Italia sarebbe stata psicanalizzata, narcotizzata e costretta a vivere da spettro per il resto della sua vita.

Lettore B) - Anch'io ho subito dei traumi che hanno lasciato in me delle deformazioni caratteriali abbastanza marcate, ma ne sto uscendo lentamente, sto trovando di grande utilità la ricapitolazione tolteca (che trova un suo equivalente nella retrospezione serale di Rudolf Steiner). In pratica è una sorta di meditazione cronologica, che ha molteplici effetti correlati fra di loro, tra i quali "ammorbidire" il dialogo interno poiché è proprio il chiacchiericcio mentale che drena un sacco di energia psichica, il quale non fa altro che farci girare intorno a noi stessi veicolando l'attenzione in modo ossessionante e compulsivo, al tempo stesso dona sollievo alla percezione facendola estrovertire a causa del fatto che il chiacchiericcio introverte la percezione su se stessa fino al punto da far sorgere il solipsismo nelle persone, estraniandole dalla realtà circostante, in più per potersi affrancare dagli schematismi mentali e dalle cristallizzazioni egoiche è necessario ripristinare la luminosità delle proprie energie sottili, quindi espellere le energie che gli altri hanno lasciato in noi. A tale proposito il proverbio dice *"dimmi con chi vai e ti dirò chi sei"*, esprime una verità lampante, ovvero da un punto di vista energetico-psicologico il comportamento non è più spontaneo e disinvolto come prima, ma ci si plasma modellando e conformando il proprio carattere con le persone che hanno lasciato in noi le maggiori quantità di energia, per cui la persona difetta e manca proprio di quella fluidità, di quella gioia di vivere autentica, che sta conducendo le società addomesticate allo sbaraglio, una volta che ci auto/addomestichiamo di generazione in generazione con modelli sociali revisionati da un'alleata non particolarmente affidabile, da un'alleata che non ha alcun interesse a migliorare l'imprinting culturale a vantaggio dell'essere umano (la mente arcontica), arrivando al punto di soffocare i flebili sussulti, i richiami dell'anima, la parte spirituale della coscienza, il cui ruolo viene immediatamente rimpiazzato e preso d'assedio dalla mente arcontica, ed è così che la meccanicità caratteriale causata dai blocchi del trauma la fa da padrone facendoci vivere col "pilota automatico innestato". Occorre perciò recuperare le nostre fibre energetiche, lasciate sia negli altri e sia nel luogo dove si è vissuto il trauma, in modo da ottenere l'integrità energetica, altrimenti la massa luminosa, l'alone che circonda il campo energetico dell'uomo, sarà sempre pieno di falle, che si riflettono nel carattere. Sia i pensieri, le emozioni e i traumi non vanno messi sotto il tappeto e neanche reprimerli, ma metabolizzarli, alchimizzarli, osservandoli nella propria immaginazione visuale, cercando di disidentificarsi dall'evento, percependo se stessi in terza persona, senza il coinvolgimento diretto, con distacco interiore, come se guardassimo noi stessi durante la scena di un film. Alla fine la chiave per potere digerire il trauma sta nel trovare quel delicato equilibrio, quel bilanciamento fra l'identificazione e la disidentificazione. Se realizzassimo a un livello non solo razionale ma anche profondo chi veramente prova paura instillandola in noi attraverso il consenso e la fiducia che riponiamo abitualmente nella mente lineare, capiremo che la paura è soltanto l'alimento di entità di vario genere (a partire dalle tipologie arcontiche la cui firma è palese, soprattutto nei casi di paranoia, suicidio e depressione), un alimento che produciamo noi stessi, al pari di una mucca che produce il latte, ma la cui regia dietro le quinte non è facilmente visibile con i normali sensi fisici. Ci mungono senza che neanche ce ne rendiamo conto. Se la loro presenza è celata e subliminale, gli effetti che hanno su di noi, sono palpabili e tangibili. Ricapitolando la propria esistenza, l'energia invece di continuare a essere drenata e quindi assorbita dai parassiti arcontici, sarà disponibile per noi stessi - le sensazioni provate saranno paragonabili ad un riequilibrio psichico, ovviamente più si medita rivivendo il proprio vissuto personale e più all'inizio il dialogo mentale si intensificherà perché il parassita vede sottrarsi il suo alimento (le emozioni scaturite dal malessere e da un'eccessiva abitudinarietà), e cercherà quindi di contrattaccare giocando le sue carte, i suoi trucchetti, simulando in noi stessi, facendoci scambiare i suoi impulsi emotivi per i nostri: sensazioni di sfiducia, di sonnolenza e fiacchezza, cercherà di distrarci tramite associazioni di idee che si allacciano l'una con l'altra, fino a farci perdere la concentrazione, (la mente del parassita al contrario di noi ha una scarsa capacità di concentrazione) in quanto tutto si riduce a mantenere focalizzata la propria attenzione/concentrazione sulla guarigione energetica. In ultimo! Le tecniche di psicanalisi tradizionali sono utili fino ad un certo punto, e giustamente, hanno i loro limiti. Hanno il vantaggio di far rievocare le proprie reminiscenze mnemoniche attraverso il racconto verbale, quindi la propria storia personale, ma hanno lo svantaggio di far insorgere il dialogo mentale della mente lineare facendoci identificare in prima persona nell'evento coinvolgendo il nostro ego e aumentare il senso del giudizio, quando alla fine la scena che si rivive nella mente andrebbe percepita in qualità di osservatori e non di protagonisti. (Quando si ricapitola è sufficiente un minimo sforzo, in quanto è l'anima a prendere il sopravvento, quella parte di noi stessi che sgombra la strada bloccata dai detriti emotivi, ogni evento si riaggancerà con un altro, anche apparentemente privo di una concatenazione logica e coerente. Però man mano che si prosegue, accade tutto in automatico, basta inspirare col naso l'energia da recupare nell'evento ed espirare sempre esclusivamente col naso con i propri limiti polmonari l'energia da espellere, quelle fibre che creano caoticità in noi stessi). L'unica precauzione raccomandabile per far si che faccia effetto è di schermarsi dalle stimolazioni esterne dell'ambiente circostante - basta evitare di distogliere la propria attenzione dal processo di riassestamento energetico-sottile in corso. Il respiro non solo ripristina la luminosità, ma rispecchia l'identificazione con l'imparzialità dell'universo, il pneuma cosmico-siderale.

Lettore C) - Curioso che gli annali riportino la frase di Freud all'amico Jung, pronunciata nel1909 quando i due stavano per sbarcare in America ed annunciare a quel mondo la "lieta novella": *"Non sanno che stiamo portando loro la peste"*. Comunque Freud era un tossicomane (morfina e cocaina), materialista, ateo, darwiniano e la sua dottrina a pretese scientifiche fu, in certe sue declinazioni, alleata con alcune filosofie dell'irrazionale e con la spiritualità new age. Nessuna sorpresa che la psicanalisi sia diventata materia per vip, star più o meno hollywoodiane e intellettuali snob. Il che non può che rafforzare la diffidenza di alcuni, indipendentemente dagli effetti reali della sua pratica. E se è vero che con essa, dal trauma non ci si libera mai veramente, ne consegue che non ci si libera mai neanche dal bisogno compulsivo di praticarla indefinitamente. Con tutti i rischi del caso, ovvero la riemergenza di complessi, idee ossessive, perversioni e ricordi rimossi che la coscienza tiene prudentemente archiviati o che giacciono in stato di latenza. E il cui risveglio, scambiato per progresso, non porta alcun vantaggio... ma solo altri problemi. A volte anche molto gravi.

Lettore D) - Un saluto a tutti, psicologi e non. Senza schierarmi vorrei dire che guarire da un trauma è un processo complesso. La guarigione comporta un cambiamento del punto di vista, nonché la capacità di perdonare. La civiltà moderna ci obbliga a subire ingiustizie di vari tipi - il trauma a volte è un sintomo di uno sbagliato approccio con la vita. Quando studiavo geometria analitica, avendo notevoli problemi in matematica, riuscivo a risolvere i problemi con un metodo empirico e poco ortodosso. Un problema risolto è appunto risolto, a prescindere dal metodo u-sato (lasciando naturalmente da parte gli illusionismi, anche se in alcuni casi anche questi hanno un'utilità). Una ferita per guarire ha bisogno di tempo, i saggi dicevano che il tempo cura tutte le ferite: dunque un fattore importante è non morire di trauma intanto che la ferita si rimargina. Avendo superato i 50 anni e qualche trauma, mi sento di dire che, durante la strada per la guarigione, è meglio non essere soli, la notte è lunga. Più che il metodo, credo sia importante l'onestà di coloro che ci accompagnano nel nostro cammino. Oggi sono un uomo maturo, ho superato il mio trauma maggiore, grazie a uno psicologo analista junghiano che non era solo tale, era un uomo onesto. L'articolo di Gianni Tirelli l'ho trovato molto interessante, forse un po' preconcetto verso la psicologia e anche verso l'approccio farmacologico. Riconosco che esistono componenti della nostra essenza più profonda insondabili, perciò non incamerabili in teorie e/o complessi, ma questo lo riconosce anche la psicologia, anche la psicanalisi. Nei momenti più cupi della mia lunga crisi, camminavo recandomi a un corso, mi sentivo preda di ogni singolo fiato di vento, eppure le mie gambe erano giovani e forti: allora mi aiutavano dei farmaci ansiolitici i quali, anche se di effetto limitato nel tempo, mi diedero nuova speranza, aiutandomi ad interrompere il catenaccio di sofferenza che mi imprigionava. Senz'altro sostituire i pensieri dolorosi con altri nuovi e di speranza è una delle prime cause, nonché sintomo, di guarigione. Guarito è colui che si innamora, vibrando all'unisono con l'altro da sé ancora sconosciuto, anche se l'amore non è un sentimento razionale, anzi, è sinonimo di affetto, il quale trae origine dalla parola affezione, quindi malattia. Oggi non so se potrei ancora essere scosso da un trauma come in quel lontano tempo in cui mi sentivo invincibile, e in cui incontrai il trauma; le mie gambe non sono più ferme come trent'anni fa, eppure non mi sento più preda del vento, adesso mi preoccupo di non battere i piedi troppo forte per terra, forse per non consumare troppo in fretta le mie scarpe.

Lettore E) - Sacrosanta stigmatizzazione delle "psico"-discipline che tanti immani danni hanno fatto fin dalla loro comparsa. Purtroppo la frammentazione interiore dell'uomo odierno è però un fatto innegabile, altrimenti non sarebbe possibile neanche quel fatale "dialogo interiore" sul cui debellamento, giustamente citato nell'articolo, puntano non a caso tutti i seri metodi di risveglio spirituale. Ma certo è che lo psico-pattume di cui sopra non fa altro che "razionalizzare" – cioè letteralmente dividere, separare ancor più: funzione prettamente diabolica in senso stretto; se solo si prestasse maggior attenzione alle parole, quante cose si potrebbero già comprendere... – e quindi sbriciolare ulteriormente l'insieme bio-psico-animico dell'essere umano. Forse meriterebbe spendere qualche precisazione in più sul punto focale del "seppellimento" del trauma, per precisare come si debba sì seppellire – dopo averlo disinnescato – il fatto di per sé ma non le gemme preziose che sempre in questi casi vengono alla luce e che debbono esser conservate e da cui ri-edificarsi come rinnovati nello spirito, che è poi la stessa cosa che il signor Tirelli afferma a proposito del "mettere a frutto il tesoro dell'esperienza". Purtroppo spesso queste gemme passano del tutto inosservate, e gli psico-qualcosa giocano un ruolo nefasto in questo, che ne siano coscienti o meno.

Lettore F) - Lo studio delle neuroscienze ha fatto in questi ultimi anni passi da gigante, sviluppando tecniche validissime. Purtroppo queste avanzano con estrema fatica in un mondo ancora ingessato da concetti psicologici ormai antiquati.

E spesso, come affrontare la problematica teoricamente è chiaro (Osho, Jeff Foster,...), ma la messa in pratica può risultare difficile. Informatevi sulla tecnica Psych-K. È al momento lo strumento più potente e rispettoso che abbia mai conosciuto per la neutralizzazione (e non il combattimento!) di traumi e credenze dannose.

Lettore G) - Bell'articolo. Concordo pienamente sul fatto che psicologia, psicanalisi, psichiatria e pseudo scienze analoghe, siano solamente immondizia. Poi, per quanto riguarda le "cure" per l'anima a base di farmaci, beh, non c'è un solo settore dove il marketing d'assalto di Big Pharma non si sia intrufolato.

Lettore H) - Si sa, i soldi son soldi, e qui abbiamo il duplice vantaggio di far pagare le persone per farsi pure mettere le catene. Fantastico!
I consigli pratici che dai, caro Gianni, sono validi... se l'eternità è qui e adesso, sarà proprio negli istanti che vivremo davvero. Ma vanno vissuti mentre li si vivono.
E sì, serve indubbiamente tanta disciplina e metodo.
Lasciarsi alle spalle un trauma non significa dimenticare, quanto magari "sganciarsi" da quell'episodio tornando nell'unico posto dove la nostra sanità è realmente espressa, nel tempo presente.

Lettore I) - Tirelli, io mi complimento per il suo articolo che, seppur non esaustivo (e non poteva esserlo nel breve spazio di una pagina), offre spunti di riflessione interessanti.

A dire il vero, ero stato attirato prima dal commento di peppe91, che ho trovato esageratamente pieno di acredine e poi ho letto il suo testo; certo, è più facile parlare di dolori e traumi standone all'esterno, quando non si è direttamente afferrati dal turbine delle situazioni, però è altrettanto vero che rimanerne impigliati non aiuta a superarli. E comunque, l'approccio convenzionale psico-farmacologico non fa altro che mascherare il problema; dunque, lo peggiora sistematicamente.

Lettore L) - Bell'articolo Gianni, condivido in pieno tutto quello che scrivi, seppellire e trovare interesse a qualcosa, è semplice. Quello che è difficile è far lavorare tutti quegli esperti che sulle paure della gente ci lucrano... rimarrebbero in tanti senza lavoro. Dobbiamo sempre rivolgerci alla natura se vogliamo ritrovare la via, perché è da lì che veniamo.

Lettore M) - Ciò che rende davvero schiavi, è la mancanza di una qualsivoglia auto-disciplina, in nome di un malinteso e pervertito anelito alla "libertà"... tragica illusione quella di poter fare a meno di un auto-controllo da dover esercitare sulle proprie debolezze umane; e proprio su questo fa leva il Sistema che ci opprime e che ci illude – nelle sue propaggini più "alternative"... – favoleggiando di non meglio precisati "salti quantici evolutivi" prossimi venturi... e continuamente rimandati.

Lettore N) - Io non sono malata di depressione bipolare o altre malattie mentali ma purtroppo a conseguenza di tante cose che mi sono successe, anche e soprattutto in ambito lavorativo (svolgo il lavoro di portiera presso due ambasciate - americana e francese) con il peso di una grande responsabilità, soffro di una grave insonnia che purtroppo devo curare con il "Seroquel". Per fortuna ne prendo una minima parte da 50mg ma se questo non dovesse bastare, devo prendere altri medicinali che ora dopo quattro anni mi hanno portato ad una forte dipendenza. Vorrei riuscire a toglierli ma ho provato medicine naturopatiche, meditazione e altro ma non sono riuscita a risolvere il tutto. Io penso che purtroppo questo maledetto farmaco me lo porterò dietro tutta la vita.

A meno che la mia vita non cambi. Ma questa è un'utopia. E comunque la casa farmaceutica che produce questo farmaco guadagna miliardi perché purtroppo i malati di depressione bipolare (in forte crescita) ne devono prendere 2000 mg al giorno. Che orrore vivere e speculare sulla nostra salute che tutte queste persone siano maledette!

LA MIA MEDICINA CONTRO IL MAL DI VIVERE

"Lei è lì in agguato, pronta a sferrare in suo micidiale attacco, per fare brandelli della nostra vita! Lei, la Bestia Depressione, invertebrata e sfuggente, infida e vile, generata dalla paura narcotizzante dell'uomo contemporaneo e alimentata dagli umori mefistofelici del neo liberismo rampante e schizofrenico che, in pochi decenni, ha fatto piazza pulita di ogni ragione, passione, tradizione e conoscenza, confinando la verità in una dimensione relativa"

Quest'epoca di materialismo edonista oltre ad avere messo in secondo piano il significato dell'esistenza e delle sue ragioni, ha scardinato quell'impianto etico, parametro assoluto di riferimento e comparazione di ogni nostra azione umana, sconfessando ogni spiritualismo trascendente, valore e principio, considerati come ostacoli e veri e propri impedimenti alla soddisfazione sistematica di beni effimeri, dipendenze, debolezze.

Le cause scatenanti di quel tormento esistenziale invalidante che oggi colpisce drammaticamente giovani e anziani, belli e brutti, alti e bassi, magri e grassi, atei e credenti di qualsiasi razza, ceto e sesso, in forme depressive, nevrosi, stati di panico e ipocondrie di ogni genere, vanno tutti ricondotti ad uno stile di vita improprio che si pone in netta antitesi con quella che è la nostra originaria natura e funzione.

Il nostro "doppio spirituale" (inconscio), in virtù di un automatismo di autoconservazione (connaturato dall'alba dei tempi), non si adeguerà mai, per nessun motivo al mondo, alle logiche perverse di una tale anomala realtà e circostanza!

La sua ribellione a questo progetto di contraffazione dell'IO è totale e senza sconti, fino al punto estremo di programmare a tempo debito l'annullamento di quei soggetti che non sono in grado di ristabilire l'armonia psichica e spirituale e gli equilibri imperituri che hanno regolato da sempre ogni azione umana.

La psicologia, la psichiatria e la farmacologia che si propongono di curare il Mal di Vivere, non fanno altro che peggiorare ulteriormente una tale condizione di disagio psichico, relegando il depresso all'interno di un'illusione indotta confezionata a parole (logoterapia) e di dipendenza dai principi chimici del farmaco. Da questa gabbia non se ne esce con tali pratiche ma, semplicemente e drammaticamente, si sopravvive a mala pena, nell'inconscio desiderio di farla finita una volta, per tutte.

Possiamo vivere una tale vita in balia di quel martirio incompreso che, come uno scudiscio, ci lacera e ci consuma? Cos'è la depressione se non la perdita della speranza! Un'atmosfera dal sapore di vuoto - un'estrema solitudine che come una cupola di ghiaccio avvolge il nostro spirito, costringendolo ad un isolamento totale e ad una penosa prigionia.

Lo spirito dell'uomo si nutre di luce, di aria, di ragione e di una particolare sostanza generata dall'incontro (nonché dai rapporti) che, a nostra insaputa, intrattiene con gli altri spiriti della terra.

Dobbiamo considerare una visione più ottimistica dell'uomo in cui sono presenti tendenze innate alla verità, alla giustizia, alla libertà e creatività, la cui frustrazione produce angoscia e panico.

"I valori dell'Io genetico presenti in tutti gli uomini di tutte le culture sono la dignità, la libertà, la giustizia, l'amore, che se contrastati dai condizionamenti sociali, ambientali e culturali provocano il disagio dell' uomo che poi lotta come può, per far emergere queste forze interne".

L'analisi introspettiva, finalizzata a scoprire, decifrare e poi rimuovere le ipotetiche cause, relative agli stati depressivi, turbe nevrotiche, ansie e attacchi di panico, rimane strumento sterile e inefficace, e diversamente dall'intento che si prefigge, peggiora ulteriormente la condizione del depresso che considera il suo stato, come patologico e il castigo di una colpa incompresa.

Spesso, la depressione, come altre tante patologie legate al sistema nervoso, è il risultato della frustrazione derivante dall'incapacità di individuare se stessi, il proprio Io e le nostre autentiche necessità.

Il condizionamento delle società moderne, che si attua in un'opera di omologazione delle scelte individuali e più consone ai nostri reali bisogni, è schiacciante, e altera la nostra capacità di un giudizio critico e volontà decisionale.

Per combattere quella paura di base che è all'origine del nostro disagio spirituale non esiste nulla al mondo di più terapeutico di una profonda consapevolezza sulla necessità della morte e quindi della comprensione logica dell'ineludibile provvisorietà della vita, in quanto tale. Se non afferriamo a fondo il suo significato più alto, ogni vera felicità c'è preclusa.

Confidare a terzi (estranei, parenti o amici, che siano) il nostro problema e dei più diversi aspetti della nostra sofferenza (rendendoli così testimoni di una circostanza personale), è un primo passo che nel tempo, ci redime (in forma di terapia) dalla paura del giudizio critico e dall'incomprensione, liberandoci da quell'isolamento sociale, introversione e indolenza, che sono alla base (una volta superati) del processo di guarigione.

Un tale atteggiamento, considera la volontà di assegnare significati, come la principale motivazione umana.

"Lo sviluppo dell'IO cosciente si propone di liberare l'individuo dai condizionamenti e dalle memorie del passato che tende a difendere istintivamente – l'esperienza del disagio esistenziale nell'adolescenza (fase critica per eccellenza), favorisce la ricerca dei valori e del senso della vita e si traduce in una spiritualità libera dai legami e dai dogmi di modelli prestabiliti".

"Oltre alla lotta con se stessi, gli ostacoli che ogni uomo incontra in un cammino di sviluppo di sé, sono dovuti agli attacchi di chi difende opinioni personali, privilegi di potere, danaro e possesso. Nonché l'invidia di chi non conosce bene la fatica del percorso e vede solo qualche aspetto positivo già raggiunto

dagli altri, svalutandolo (per coprire il suo disagio o enfatizzandolo eccessivamente), invece che trarne spunto di riflessione ed esempio.

"Il disagio esistenziale è quindi spesso dovuto (oltre che alle memorie e ai condizionamenti da superare), all'ignoranza ben difesa da molti e alla difficoltà a vivere in un mondo governato da chi cerca più il potere che il servizio al prossimo". Dott. Ciro Aurigemma

Non c'è nulla di più miserevole in un uomo, che il commuoversi di se stesso!

Il sentimento dell'auto/commiserazione è quanto di più deleterio e nefasto ci possa essere; scaraventa l'individuo depresso in uno stato di particolare e profondo isolamento e smarrimento dal quale difficilmente riuscirà a riemergere. Una tale condizione, produce nel breve periodo, assuefazione e dipendenza, costringendo il depresso a dosi sempre più massicce di negatività, ed esimendolo da ogni oggettiva responsabilità personale.

In questo modo, il soggetto in causa, intende delegare/imputare a terzi (al mondo esterno, a Dio stesso, al destino), le cause relative, a quello stato di disagio esistenziale cronico che ha invalidato ogni sua capacità e risorsa – fondamentali per fuoriuscire dal tunnel della depressione e riaffiorare a nuova vita.

L'introspezione, l'analisi sistematica e ininterrotta, il persistente parlottio con se stessi al fine di individuare le ragioni e i motivi di un tale malessere, si esprime in una sorta di avvitamento esistenziale che confonde e spariglia ogni elemento di causa precedentemente codificato.

Ma, se anche per una qualsiasi ipotesi ne individuassimo le ragioni e con certezza scientifica il trauma scatenante che era alla radice del nostro problema (avendolo lo stesso prodotto), nulla cambierebbe sostanzialmente della nostra disperata condizione, oltre al fatto oggettivo di una responsabilità accertata.

In verità, all'origine di queste "patologie", non esiste mai una causa prima scatenante, ma è il risultato di una somma di circostanze (traumi, predisposizione, qualità della vita, ambiente, alimentazione, affetti, bisogni inconsci, lavoro ed altro) che, tutti insieme, l'hanno determinata.

Diversamente, il cammino da intraprendere lungo il traguardo della guarigione è un altro! È sulla forza di volontà, sulla determinazione e caparbietà, che dobbiamo contare e investire ogni nostra residua energia. In questo modo saremo in grado di rivitalizzare il senso e il valore dell'esistenza, messo a tacere (per il momento) dal subdolo tormento di quel Male Oscuro che ci ha precluso ogni vera gioia e speranza.

Questo è il nostro scopo primario e prioritario: ammazzare la Bestia subdola e viscida che, senza bussare, si è introdotta di nascosto nella nostra anima, per dettare le sue condizioni.

Dichiarare guerra alla Bestia, significa essere pronti a tutto, e lungi dall'incoraggiare i suoi propositi alimentandola in ragione di dubbi, di debolezze e autolesionismo!

La Bestia si nutre e sopravvive proprio in virtù della nostra paura, le cui emanazioni sono il cibo che in assoluto predilige.

La Bestia deve sapere e capire che la nostra decisione non dà adito a ripensamenti di sorta, e che non avremo pace fino al giorno in cui non la vedremo strisciare implorante ai nostri piedi.

Quando dico "Lei", mi riferisco a un'entità cosciente e pensante, reattiva e attiva (benché sfuggente) e non a qualcosa di astratto, frutto delle nostre fantasie e suggestioni! La Bestia (così ho sempre chiamato la depressione) agisce, premedita, tende trappole e circuisce le nostre speranze e attese. A volte si nasconde e, sazia, si addormenta ai bordi estremi della nostra anima per poi, di soprassalto, affamata e incattivita si avventa come una iena inferocita facendo incetta dei teneri germogli della nostra appena ritrovata pace interiore.

Per questo, non dobbiamo darle tregua né scampo; la nostra volontà deve essere ferma e ferrea, continua, e imprescindibile da ogni accadimento contingente o ripensamento che sia.

La volontà, nella quale abbiamo riposto tutte le nostre certezze di una vittoria schiacciante, è la sola arma ad avere la potenza e la portata di fuoco capace di neutralizzare uno dei mali più invalidanti e crudeli che la società post/industriale abbia mai prodotto e in forma così virulenta.

La volontà (in questo specifico caso) ci ordina di non pensare e di non trattare. Ci intima di non dormire, ma di agire e intuire, di ordire e di colpire; fino allo stremo.

Interrompere in nostro dialogo interiore è alla base di questa battaglia. Dobbiamo essere concentrati e puntati sull'obiettivo mirato, e niente e nessuno ci deve distogliere dal nostro intendimento e progetto di annientamento della Bestia.

Ma se davvero vuoi combattere e vincere la Bestia, devi essere in buona salute e in perfetta forma fisica. Una buona e corretta alimentazione congiunta al movimento motivato (la vita all'aria aperta e il lavoro dei campi danno degli ottimi risultati) sono fattori decisivi per chi si appresta a combattere un tale nemico. Gli effetti benefici scaturiti da un tale atteggiamento, determineranno oggi, l'uomo che saremo domani.

È verissimo che "non tutto il male viene per nuocere"!, tanto più se la nostra condizione di tormento è il frutto di un modus vivendi innaturale e in netto contrasto con le esigenze e i bisogni fondamentali del nostro essere spirituale.

Ergo, non possiamo affrontare una tale battaglia, debilitati nel fisico e mortificati nello spirito. Per contrastare certi dolori è necessario essere nel pieno delle nostre forze, così da compensare lo squilibrio psicologico e lo sbilanciamento del karma.

La Bestia che è dentro di noi, ci deve dunque fare riflettere (senza però addentrarci in labirintiche e pericolose introspezioni da autodidatta) sulla giustezza delle nostre scelte, passate e presenti, e se coerenti e in linea con i dettami di quell'impianto etico che è alla base della nostra vita.

Se non recuperiamo e ci atteniamo con rigore a quei principi e valori che abbiamo tradito, e che oggi gridano vendetta, dimentichiamoci ogni autentica felicità e salvezza.

Sappiamo noi, davvero, cosa intendiamo fare della nostra vita e quali siano le scelte più consone e opportune alla realizzazione di un tale compito?

Di questi tempi di relativismo applicato alla quotidianità è quasi impensabile aspettarsi una qualsiasi risposta. Solo l'azione pragmatica, l'allenamento sistematico, metodico e una speciale voglia di vivere può produrre il miracolo.

Ogni male (disagio, tormento e dolore), sono le spie luminose che accendendosi e spegnendosi ci comunicano l'avvenuto cortocircuito in uno fra gli infiniti filamenti del nostro corpo astrale, allertandoci ad un pronto intervento al fine di ristabilirne l'originaria armonia.

Ogni distrazione e debolezza in questa lotta per la vita, può risultare fatale!

Dobbiamo quindi distogliere l'attenzione dal disagio psichico prodotto dalla Bestia e dai suoi effetti collaterali, concentrandosi invece su ciò che abbiamo di più caro e applicandoci in quelle attività che, un tempo, erano per noi motivo di gioia, di spensieratezza e di serenità. E questo vale per combattere ogni tipo di dolore!

Il chiacchiericcio interiore va drasticamente interrotto, per fare spazio alla banalità e alle piccole cose di tutti i giorni.

Quando la Bestia percepisce di non essere più il centro della nostra attenzione, è portata a ridimensionare il suo potere di affascinazione.

La depressione è un'entità occupante che tende a colmare gli spazi vuoti che trova all'interno della nostra sfera esistenziale. Sta a noi riprenderci l'area espropriata a nostra insaputa dalla Bestia, per sancire così definitivamente il nostro originario diritto proprietà.

Anche dopo averla sconfitta, la Bestia a volte cercherà di mettere la testa fuori dal sacco, ma noi, bene armati, saremo pronti a mostrarle i denti per ricacciarla, seduta stante, in un angolo buio dell'eternità.

In tutto questo ci vuole metodo, continuità, costanza, ma con la certezza che, quel giorno, noi, fieri trionfatori di uno scontro che credevamo impari, e gratificati per tanto orgoglio e coraggio, avremo restituito al nostro esistere le sue ragioni e un uomo migliore ai nostri cari.

I MOTIVI DEL DOLORE

*"Quando il dolore bussa alla tua porta, fallo entra-
re e sedere alla tua mensa - Lui ti renderà libero ma
se tu rifiuterai di ospitarlo, ne sarai prigioniero per
sempre".* Gjt

Dietro ogni dolore si celano infinite possibilità di
crescita umana, di conoscenza, e fattori imprescindi-
bili per il raggiungimento della consapevolezza di sé
e del mondo.

Il trauma prodotto dal dolore, spaventa da una
parte, ma per un altro verso, come una lente di in-
grandimento, mette a fuoco tutto ciò che prima con-
sideravamo normale, scontato, non degno di nota, di
analisi e di critica.

Così, ogni parte e frammento del nostro essere
viene vivisezionata, l'osservazione amplificata e, per
logica conseguenza, la capacità di discernimento
acuita.

Se lasciamo il dolore alle spalle, per concentrarci
invece sul suo rovescio della medaglia, saremo in
grado di capire gli infiniti benefici di una tale esperienza per metterli poi a frutto e farne tesoro.

Non c'è altro modo per crescere, per cambiare, e
attingere a quella consapevolezza capace di produrre autentica felicità e libertà.

L'uomo che rinuncia alla comprensione del dolore

per accanirsi sugli effetti come una belva ferita e vendicativa, non troverà pace al suo tormento, e il suo cuore si farà pietra – a lui sarà negato lo spirito di solidarietà, di volontà, la tolleranza, e il sublime piacere di contemplare la bellezza.

Le nostre moderne società, sono afflitte da disagi persistenti e sofferenze di ogni tipo e specie, proprio perché incapaci di accettare l'ineluttabilità del dolore, e di comprenderne le ragioni. Cercano così in ogni modo di combatterlo, di contrastarlo, di annullarlo, facendo ricorso a sostanze che impediscono al dolore il suo processo di naturale spegnimento.

Dobbiamo invece arrivare al punto di amarlo, di comprenderne le logiche, essendo questo il solo modo per ammansirlo, acquietarlo e, come un cane fedele, farlo ubbidire al nostro volere.

Gioia e dolore hanno posseduto il mio cuore, il giorno e la notte, e li ho amati entrambi, figli di una stessa anima, fratelli di sangue, amici leali e complementari. Consapevole dei loro diritti e dei bisogni di ognuno, a volte sono rimasto ad osservarli, al fine di cogliere i motivi della loro alternanza dentro il mio cuore, anche se in diverse circostanze, il senso mi appariva oscuro.

Così, spinto dal bisogno insaziabile di sapere, ho attinto alle risorse del mio spirito, che ha risposto agli interrogativi della mia mente, spesso serva delle sue rudimentali logiche e di azzardate conclusioni costruite sulla parola.

È necessario ascoltare in silenzio se vogliamo le risposte ai nostri perché!

Gioia e dolore, non intervengono nella nostra vita in maniera arbitraria, ma sono la risultante dei nostri comportamenti e dei pensieri. Come spie luminose dentro il nostro cuore, si accendono e si spengono, segnalando le nostre vittorie e i nostri errori per poi comprenderne le ragioni.

IN CAMMINO VERSO LA FELICITÀ

Oggi la paura della felicità è una vera e propria patologia che coinvolge un numero incredibilmente alto di individui, derivante dal trauma di dovere affrontare una condizione alla gran parte dei giovani, sconosciuta.

L'elemento principe, fondamentale per intraprendere il cammino verso la felicità è l'aria che respiriamo. Senza questo presupposto (fattore x), ogni possibile vera gioia c'è preclusa. Dobbiamo inoltre comprendere che, allegria e isteria, non hanno nulla a che vedere con la felicità, ma sono la sua morte.

La felicità, quella autentica, è una costante, che prescinde dagli stati d'animo, da sbalzi d'umore e dagli eventi, essendo la stessa legata alla consapevolezza e alla comprensione logica della necessità della morte.

Il fattore ambientale e la qualità del cibo, sono il naturale terreno di cultura della felicità, perché, intrinsecamente, ne possiedono le soluzioni ideali e quel processo alchemico di natura magica, in grado di produrre le condizioni favorevoli alla sua crescita.

La contemplazione e la meditazione, diversamente da come molti credono o immaginano, non concorrono alla felicità, ma sono la sua espressione ultima.

La felicità è azione, movimento e passione.

"La felicità non dorme mai, non riposa, non si appisola, non ha paura e non rimanda a domani ma è pragmatica, disincantata ed eroica - non vive il suo tempo ma il tempo infinito - ama e comprende ogni cosa che sia di questo mondo, senza possederla e custodirla. La felicità vive il presente, dimentica il passato e non lancia lenze nel futuro - pesca fra le acque fresche immacolate della sua ragione, per aprirsi nuda ai tiepidi raggi del mistero svelato. La felicità è l'atto di umiltà dell'uomo ragionevole. Un uomo che ai beni effimeri della ricchezza, al potere e al torpore narcotizzante dell'ozio, predilige piccoli sassi di fiume levigati dall'acqua, per proteggerli poi come figli.

La felicità è tenerezza, innocenza, bellezza e ironia. È lo stupore negli occhi dei bambini, la purezza dei loro sogni e la libertà dei loro pensieri. La felicità si addormenta sulla tua anima, e confonde il suo respiro con il battito del tuo cuore. Come la fede è un bisogno ineludibile e come l'amore ci parla di Dio".
GJT

IL PREZZO DELLA PAURA

Il prezzo dei medicinali, stabilito dalle farmaceutiche è relativo al livello di paura e di dolore prodotto dalla gravità o meno della patologia sul soggetto colpito. Loro sanno bene che per un comune mal di testa o raffreddore che sia, si può arrivare a spendere non più di qualche euro, e per un'infezione virale da trattare con antibiotici, solo qualche decina. Se si tratta di un disturbo psicologico e psichiatrico, allora il prezzo aumenta considerevolmente, essendo tali patologie molto spesso estenuanti e per lo più invalidanti.

Il costo di un farmaco si gonfia vertiginosamente se per esempio il soggetto è affetto da un tumore o malattia rara. In questo caso la cifra raggiunge le migliaia di euro.

Se il prezzo di un'aspirina o farmaco da banco in genere, partisse da un minimo di 50 euro, nessuno lo acquisterebbe mai, per declinare la cura su un rimedio naturale/tradizionale.

Il prezzo di un qualsiasi farmaco o prodotto per la cura di una qualsiasi patologia, dovrebbe variare solo ed esclusivamente nel caso di una difficoltà oggettiva a trovare il rimedio - come nel caso di una particolare o specifica pianta o sostanza.

Sarebbe comprensibile la variazione dei costi di produzione, se l'aspirina contenesse rame - argento lo psicofarmaco - e oro il farmaco chemioterapico.

Ma l'aspirina, lo psicofarmaco e il farmaco chemiote-rapico, contengono tutti la stessa merda chimica. Che cambia solo la formula.

I principi attivi di natura chimica (una volta definita la loro formula) possono esseri prodotti a livello in-dustriale fino ad azzerarne i costi. Perché allora que-ste variazioni di prezzo da farmaco a farmaco?

Come ho detto sopra, in testa all'articolo, le far-maceutiche fanno leva sulla paura della gente, rela-tivamente alla gravità o meno della patologia di cui soffre, e su tale base ne decidono il prezzo. Se la paura del paziente sale e forse rischia di morire, allo-ra si è pronti a spendere il massimo.

Dobbiamo anche subito sgombrare il campo dagli ipotetici rimedi sbandierati mediaticamente dalle lobby del farmaco, e dire che le controindicazioni ed effetti collaterali di questi prodotti, superano di gran lunga i benefici apparenti e momentanei. Tali com-posti chimici, nel tempo daranno forma ad ulteriori malattie innescate dall'assunzione protratta di queste sostanze tossiche che si vanno a depositare nei vari organi del corpo senza più alcuna possibilità di esse-re espulse.

"Il ciarlatano studia le malattie negli organi colpiti, dove non trova altro che effetti già avvenuti, e rimane sempre un ignorante per quello che riguarda le cau-se - il vero medico studia le cause delle malattie stu-diando l'uomo universale". Paracelso

"Da molto tempo mettevo in discussione la medi-cina ufficiale, in quanto, incapace di curare le malat-tie. Al massimo poteva lenire i sintomi apparenti spostandoli su altri organi. Ed è proprio su questo

equivoco che si basa tutta la piramide della "medicina della malattia".

Se la malattia "A" ha come sintomi - x, y, z - , sopprimendoli si ritiene che il paziente sia guarito. Non interessa che, come conseguenza, si sia sviluppata la malattia "B" con i sintomi - j, k, w - in quanto, avremo il farmaco per bloccare anche questi ultimi, e così via. Non si capisce, o non si vuole capire, che la malattia "B" è solo l'espressione del blocco della malattia "A", cioè di un meccanismo di difesa dell'organismo che cerca una nuova via per disintossicarsi. In definitiva, le malattie non sono altro che sintomi di un'unica malattia: la tossiemia". G. De Pace

Quella che oggi, in forma strumentale, viene definita "la medicina moderna", destabilizza questo processo naturale, interrompendo il corso della malattia e accanendosi in maniera ossessiva sui sintomi, eludendone le cause.

La propaganda mediatica "a tambur battente" su un uso indiscriminato dei farmaci, ha ridotto ai minimi la soglia di sopportazione del dolore, così da rendere gli individui, dipendenti e schiavi delle multinazionali farmaceutiche che, sulla nostra pelle, accumulano profitti stratosferici. I moderni farmaci, sono delle piccole bombe ad orologeria, e gli effetti delle loro controindicazioni alterano irrimediabilmente i sofisticati meccanismi che regolano il nostro organismo, degenerando in tumori e mandando in corto il nostro sistema nervoso.

Nello spot del "Voltaren" (farmaco propagandato dalle reti televisive, in grado di curare – sostengono – i dolori articolari e il torcicollo), si dichiara testual-

70

mente: "Sono farmaci che possono avere effetti indesiderati, anche gravi". Per un semplice torcicollo? Negli effetti gravi collaterali dell'Aulin, si parla di emorragie gastriche che possono portare alla morte. In molti psicofarmaci è bene evidenziato il fatto che possano, in alcuni casi, portare al suicidio. E questo vale per un buon 99% di questi inquietanti rimedi.

Non sapremo mai, del resto, quante emorragie gastriche o suicidi, siano da mettere in correlazione con l'uso di questi farmaci, ma è facile immaginare la loro potenziale pericolosità.

Se non ci liberiamo della chimica e dei suoi intrugli diabolici, per dare fondo alle nostre ultime risorse vitali e finalmente, in un moto di vero orgoglio, rovesciamo il tavolo sgombrandolo da tutte le effimere, illusorie, inutili e micidiali menzogne che il sistema ci spaccia al pari di miracolose droghe, avremo perso per sempre la nostra libertà e come schiavi, invalidi e accattoni saremo costretti ad elemosinare conforto, fra le braccia del nostro carnefice.

IL RE SAGGIO

Regnava un tempo, nella lontana città di Wirani, un re che era potente e, al tempo stesso, saggio. Ed era temuto per la sua potenza e amato per la sua saggezza. Ora, vi era in quella città un pozzo, la cui acqua era fresca e cristallina, e da cui attingevano tutti gli abitanti, compreso il re e i suoi cortigiani, poiché non esisteva nessun altro pozzo. Una notte, mentre tutti dormivano, nella città penetrò una strega, e versò nel pozzo sette gocce di un liquido strano, dicendo: "Da quest'istante, chi beve di quest'acqua diverrà folle".

Il mattino seguente tutti gli abitanti della città, escluso il re e il gran ciambellano, attinsero dal pozzo e divennero folli, come la strega aveva predetto, e per tutto il giorno la folla, nei vicoli angusti e nelle piazze della città, non fece altro che bisbigliarsi: "Il re è pazzo. Il nostro re e il gran ciambellano hanno smarrito la ragione. Non possiamo certo servire un re folle... dobbiamo detronizzarlo".

Quella sera il re ordinò che un calice d'oro fosse colmato con acqua di pozzo. E quando glielo portarono, ne bevve sorsi profondi e ne offrì anche al gran ciambellano. E ci fu gran gioia in quella lontana città di Wirari, perché il re e il gran ciambellano avevano riacquistato la ragione. – K. Gibran

La metafora che possiamo ricavare da questo nobile racconto del Profeta libanese, calza alla perfezione con la realtà dei nostri tempi, in forma evidente e schiacciante.

"Il pozzo di acqua fresca e cristallina" è simbolico delle civiltà del passato - la "strega malefica", interpreta la personalità maligna dell'uomo moderno, mentre "lo strano liquido", va ascritto nell'opera di profanazione e di violazione dell'impianto etico (da sempre strumento di equilibrio e armonia) che ha prodotto quelle che oggi, vengono definite (per brevità), "società moderne".

La scelta radicale del Re di Wirari, di bere lui stesso (adeguandosi) l'acqua contaminata del pozzo, è rappresentativa del disagio esistenziale e di uno stato di paura destabilizzante che il singolo avverte di essere percepito e additato dagli altri come "diverso", e che solo un rientro nell'omologazione, può attenuare e dissolvere.

Questa eccezionale forma di uniformazione verso il basso, costringe gli individui ad adeguarsi ad una sottocultura dominante, arida e monolitica, senza potersi concedere slanci personalistici verso l'esterno e giudizi critici, castrando ogni impulso liberatorio e rigenerante, e relegando gli uomini intelligenti, sensibili e creativi, ai margini della società, al pari di pericolosi criminali e rivoluzionari sanguinari.

Il solo strumento che al momento abbiamo a disposizione per limitare i danni di una prossima catastrofe umanitaria, risiede nella capacità individuale di ognuno di noi di sensibilizzare, allertare, rendere consapevoli, risvegliare i dormienti dalla narcolessia

indotta da una rassegnazione terminale, che ha scaraventato gli individui delle società moderne in uno
stato di vita apparente.

IL GERME DELLA FOLLIA

Inventare un oggetto tecnico, una sostanza tecnica, fisica, fisico-chimica, significa inventare un incidente specifico. L'invenzione del telefono cellulare è l'invenzione delle radiazioni ionizzanti. L'invenzione dei farmaci è l'invenzione delle controindicazioni, delle interazioni e degli effetti collaterali. L'invenzione dei diserbanti è l'invenzione della contaminazione e conseguenti patologie tumorali - il trapianto di organi è l'invenzione del loro traffico e della morte di migliaia di individui innocenti a cui vengono espiantati per soddisfare le richieste del mondo occidentale.

Questo aspetto aberrante della tecno/scienza è stato censurato.

La "tecnocrazia liberista", accetta di vedere solo la positività del suo oggetto e dissimula senza posa l'incidente. P.Virilio

Abbiamo troppo spesso concesso degli alibi alla disperazione che nasce dal sentimento di dover lottare contro un nemico troppo potente.

In effetti, non si tratta di affrontare quel che uccide, ma di battersi per vivere meglio. Esiste una violenza della vita che è insopprimibile e che conosce l'arte di evitare, di aggirare, di annientare la violenza mortifera.

Quando avremo capito che il desiderio di una vita diversa è già quella vita, smetteremo di cadere nella trappola dei dualismi intellettuali.

La disperazione è oggi, insieme alla paura, l'arma più efficace per il totalitarismo mercantile. Questo è ormai arrivato a rendere redditizia la speranza facendo quotidianamente della verità, del suo declino, una verità universale che incita a un'amara rassegnazione. Meglio accontentarsi di un oggi miserabile, dal momento, che il domani sarà peggiore. Da Bodosproject

È dentro questo processo degenerativo e parossistico, che il germe della follia trova terreno fertile. A breve, senza una radicale riconversione del Sistema, l'umanità tutta, ne sarà contagiata.

Entro pochi anni, la quasi totalità degli individui del mondo occidentale (nessuno escluso) farà uso di psicofarmaci, come in una sorta di terapia di massa per combattere l'ansia, la depressione, nevrosi, panico e il disagio, oramai insostenibile, dell'essere venuti al mondo.

Il suicidio e l'eutanasia diverranno pratiche all'ordine del giorno - una aberrante quotidianità!

La capacità di procreare si estinguerà, congiunta alla totale perdita del desiderio sessuale.

La moria delle api e la scomparsa di milioni di altri insetti impollinatori, indispensabili alla vita del pianeta, potrebbe essere solo la punta dell'iceberg di una più vasta e ancora nascosta minaccia globale. La diffusione incontrollata di parassiti, l'elettromagnetismo, irrorazione di scie chimiche, ma soprattutto l'uso di agro/farmaci, pesticidi e l'inquinamento atmosferico, ne sarebbero le principali cause.

Tra i pesticidi poi, i neonicotinoidi (e un insieme di diverse sostanze chimiche usate per la concia delle sementi) sono i primi responsabili di un tale sterminio. C'è da credere che molto presto gli alberi non produrranno più frutti.

Gli effetti collaterali delle terapie farmacologiche, le radiazioni dei cellulari e dei computer, l'inquinamento, i campi magnetici, l'uso indiscriminato della tecnologia, l'inattività e una alimentazione contraffatta ed epurata di ogni suo naturale principio nutritivo, ridurranno l'uomo ad una specie di larva invertebrata e viscida, priva e privata di emozioni e sensazioni – vuota e paranoide.

Ci hanno spacciato licenza per libertà e omologazione per benessere, e tutto questo si è tradotto in paura, incertezza e frustrazione.

Ciò che ha caratterizzato quest'epoca moderna decretandone la sua fine, sta nell'ossessione maligna dell'uomo di avere voluto scavare, sondare, analizzare, guardare dentro, vivisezionare la vita e la materia, immaginando nella sua piccola e stupida mente in stato degenerativo, di potere scoprire il mistero della vita e della morte.

Nessuna forma di vita sul pianeta avrebbe mai potuto azzardare una tale tesi, sapendo a priori della differenza sostanziale che esiste fra adattabilità (istinto intelligente deputato all'auto conservazione) e la profanazione.

Avremmo dovuto rivolgere il nostro sguardo al cielo, espandere il nostro spirito e la nostra anima fin dentro i prati fioriti e profumati della trascendenza e dell'illuminazione, per assaporare l'ebrezza della conoscenza superiore che ci potesse liberare dal tormento di una mente opportunista e materialista, che oggi sta seppellendo l'umanità sotto le macerie della sua arroganza e presunzione.

Il mondo "moderno" è l'ovvio risultato della profanazione del mistero della vita, sulle cui basi ha edificato il suo impero perverso fatto di menzogna, contraffazione, paura e relativismo. Il mistero violato è paradigma di infedeltà verso l'impianto etico, e di vanesio narcisismo di un Ego corrotto, che nell'incomprensione volontaria del Disegno Divino (nonché forte delle attenuanti addotte), degenera da peccato in reato grave per alto tradimento. Un peccato dunque imperdonabile, che per la sua unicità e la straordinaria gravità, ha contemplato una pena esemplare e senza sconti.

Scienziati, filosofi, letterati, sociologi e antropologi, si domandano sulle cause che hanno prodotto le nostre società moderne e dei loro effetti nefasti sugli individui (degenerazione, omologazione, depressione, necrofilia, deriva etica e morale) e sull'ambiente tutto.

La risposta ad un tale interrogativo, va ricavata dalla lettura delle Sacre Scritture che in forma di metafora, collocavano l'inferno al centro della terra, all'opposto del paradiso, situato nell'alto dei cieli.

L'inferno, solitamente identificato con un mondo oscuro dominato dalle fiamme, dalle tenebre e sotterraneo, è collegato all'operato del Dio e della creatura superiore che ha originariamente introdotto nella Creazione l'errore, la menzogna, il peccato, e, in definitiva, "il principio distruttivo dell'ordine delle cose".

Tale creatura superiore si identifica nel diavolo – nella divinità del male. Il paradiso, diversamente, indica un luogo di piacere finale, sereno e non soggetto al trascorrere del tempo, caratterizzato da pace e felicità.

Questa differenziazione di merito fra le due dimensioni metafisiche (distinzione relativa, alla loro diversa funzione) non è casuale ma terribilmente profetica, individuando nel sottosuolo terrestre (inferno: posto in basso) la causa della nostra condanna, mentre, nella zona aerea celeste, le ragioni, della nostra salvezza.

Pertanto, l'errore (o peccato originale) che ha innescato questo processo degenerativo della coscienza umana, si consuma agli albori della Rivoluzione Industriale quando, in virtù delle nuove invenzioni e dell'Energia necessaria al loro funzionamento, l'uomo (in maniera del tutto innaturale) ha rivolto la sua attenzione alle profondità della terra, mettendo così in atto quell'opera di profanazione e di violazione che, in seguito ne ha determinato la sua condanna.

Se siamo in grado di dare un'interpretazione logica, corretta e conseguente alla narrazione biblica, riguardo a questo tema, possiamo dedurne il suo significato più remoto: l'Energia profonda è di natura maligna e quindi distruttiva - l'Energia alta è di natura divina, creatrice e salvifica. L'inferno quotidiano che oggi sta divorando i residui barlumi di felicità e di speranza di un'umanità smarrita (defraudata da ogni principio, etico e morale, e avvolta dalle tenebre di una persistente paura esistenziale), è l'ovvia conseguenza indotta dal superamento dei ragionevoli limiti, fuori dai quali, ogni felicità trasfigura in orrore. Questa subdola "modernità" ne è la conferma inopinabile – la prova del nove che prescinde da ogni altra considerazione.

Petrolio, gas, carbone e minerali/materiali radioattivi, che come in preda ad un'arsura nevrotica abbiamo sottratto (senza sosta) al sottosuolo terrestre, sono la rappresentazione iconografica della nostra Fine, in cambio della quale abbiamo barattato la nostra anima e il futuro delle nuove generazioni.

Abbiamo scoperchiato il "vaso di Pandora" e liberato quella maledetta energia che la Volontà creatrice aveva da sempre sotterrato e imprigionato sotto i nostri piedi. Così ogni cosa è stata contaminata e violata; ogni acqua, ogni terra, ogni aria e ogni filo d'erba. Il cuore dell'uomo si è incenerito sotto la luce rovente della modernità e le passioni, i sogni, i sentimenti, atmosfere ed emozioni, si sono dissolte come fumo nel vento.

Avremmo dovuto rivolgere il nostro sguardo al cielo, sull'esempio delle grandi e profetiche civiltà del passato, evitando di "scavare" e seguirne il cammino intrapreso, con la necessaria umiltà, deferenza e il dovuto timore.

Abbiamo profanato il mistero della vita per scopiazzarne le sue logiche e i suoi imperscrutabili meccanismi, e in seguito riprodurli in forma sintetica a scopo di mercificazione e profitto! Il risultato finale è lo scempio che abbiamo sotto gli occhi: estinzione

sistematica di specie animale e vegetale, deforesta-
zione, patologie tumorali in crescita esponenziale,
inquinamento e contaminazione, effetto serra, deriva
etica e morale, gravi disturbi del sistema nervoso e
bruttezza dilagante.

La felicità è oblio, dimenticarsi di se stessi, guardare e vedere oltre - non c'è niente da scavare ma
tutto da seppellire. Certo è la strada più ardua, ma la
sola che ci può condurre alla liberazione dalla paura
e dal tormento. Psicanalisi, psichiatria e sorelle, sono
malattie incurabili ad alto contagio.

"Ma dall'albero della conoscenza del bene e del
male non devi mangiare, perché, quando tu ne man-
giassi, certamente moriresti". Genesi 2,17

E qui non centra la religione, né tanto meno le
profezie funeste accreditate dalla storia passata ma
tutto fa capo a quella logica, che definirei "del buon
senso sovrano", e che a dispetto di ogni tentativo di
manipolazione e di contraffazione, tende ad imporsi
nel tempo su tutto e tutti, restituendo al Disegno pri-
migenio la sua completa integrità.

Possiamo sì comprendere il funzionamento ele-
mentare di alcuni meccanismi biologici e tentare in-
fantilmente di duplicarli, ma in assenza di spirito, a-
nima e coscienza – che sono i cardini di ogni autentica scoperta – il risultato non sarà, che una fotoco-
pia sbiadita dell'originale, che per quanto riguarda gli
elementi della vita è un processo inimitabile soggetto
a Copyright universale.

I motivi per cui la scienza moderna non ha prodotto nulla di buono, sta in questa mia considerazione!!

"Non è dunque con la bilancia che peserete l'ignoto, e non sondate con l'asta o lo scandaglio le vostre sapienti profondità". Gibran

La moderna scienza, miope e cialtrona, ha voluto ridurre e tradurre ogni cosa animata e non, a mera formula chimica, equazione algebrica e principio fisico, perché di fatto incapace di compenetrare i misteri dell'anima, della coscienza e dello spirito, che ritiene "fattori" inconciliabili e incompatibili con il suo progetto necrofilo di omologazione di massa. Queste tre entità del resto, sono sconosciute ai cervelloni della ricerca, che hanno investito ogni loro risorsa, umana e materiale, nel sondare l'infinitesimale – infinitesimale a sua volta.

E così ci si occupa di geni, di strutture genetiche, di codici genetici, anfratti genetici, manipolazioni genetiche, microscopiche entità visibili soltanto con l'ausilio di diabolici marchingegni dai costi inimmaginabili, ma che "fino in fondo", non potranno mai vedere ne scorgere il più remoto barlume di verità.

La vita, ogni forma di vita, non è la risultante della combinazione di geni, cromosomi e affini, né l'effetto ultimo di un fattore tecnico, ma si esprime dall'incontro di due anime, di due spiriti, di due coscienze, in assenza delle quali nulla potrebbe mai esistere.

Pertanto, tutto l'investimento riversato sulla bio/tecnologia si è rivelato un vero e colossale fallimento. Avremmo dovuto occuparci dell'anima e dello spirito – delle autentiche ragioni dell'uomo e dei motivi dell'esistenza: la sola scienza che avrebbe potuto e saputo guarirci da ogni male e tormento psicologico aprendo le porte a quel mondo che porta all'armonia, alla felicità e alla comprensione del Mistero.

Abbiamo guardato il dito evitando che il nostro sguardo incrociasse il chiarore della luna, e così imboccato la via più breve e più facile; quella strada a senso unico che porta dritti all'inferno.

Credere dunque che l'individuo umano sia la logica conseguenza prodotta dall'incontro di due fattori meramente organici, è una bestialità – un'idea malsana, talmente minimalista e approssimativa, che ci dà uno spaccato esaustivo del livello di ignoranza e di incoscienza in cui versa oggi, il moderno sapere occidentale. L'Incontro, non è che un tecnicismo (se pur necessario), ma se la vita non incrocia una seconda vita che ne condivida il destino, nessuna scintilla potrà mai esplodere.

Potremmo seminare buoni semi di grano fra le sabbie del deserto o fra le nevi perenni della catena himalayana, ma nulla potrà mai germogliare e crescere in una condizione inanimata. Potremmo seminare aghi di pino fra le fertili pianure del Rajasthan alle pendici dei monti Aravalli bagnate dalle acque pure e fresche del Chambal, che niente che assomigli alla vita potrà mai generarsi, da un elemento di sterilità.

I caratteri somatici che definiscono il nostro aspetto, occhi, capelli, denti, mani, unghie, piedi, muscoli, scheletro, ghiandole e organi, non sono che gli orpelli, le componenti funzionali a un involucro precario e provvisorio che, in assenza di queste tre entità trascendenti (anima coscienza e spirito) non sarebbe mai divenuto ne potuto essere programmato e ne pensato. I veri "Noi Stessi", sono di un'altra sostanza, invisibile a qualsiasi microscopio atomico, ma ben visibile al cuore cosciente di chi sa vedere oltre l'apparente e il razionale.

Lo spettacolo desolante di questo mondo alla fine, le montagne di rifiuti e scorie tossiche che stanno seppellendo le nostre esistenze, l'inquinamento dell'aria e la contaminazione delle acque, ci danno un quadro chiaro di quanto la scienza moderna sia stata nefasta per l'umanità tutta, e del cammino intrapreso.

Il nostro, è un pianeta abitato da oltre '7 miliardi di individui, una gran parte dei quali muore per denutrizione, per mancanza d'acqua potabile e a causa di condizioni igieniche inimmaginabili – una seconda parte si alimenta di guerre e distruzione – una terza, immaginando di vivere nel "paese dei balocchi", dà sfogo alla sua ingordigia compulsiva consumando tutto ciò che di più becero il Sistema produce e, tutti insieme, che si domandano se "siamo soli nell'universo".

Sì, siamo soli nell'universo; come solo è l'universo fra gli infiniti universi – ma non saremmo così soli se non fossimo così stupidi. A tal punto, che se per una remota ipotesi si scoprisse una diversa forma di vita nello spazio, c'è da giurare che cercheremmo in tutti i modi di annientarla.

Preoccupiamoci piuttosto di smussare le asperità e ridurre le frizioni che compromettono i rapporti con gli altri, liberandoci dai pregiudizi, personalismi e ideologie, e dall'inseguire le chimere di una scienza effimera, così da sviluppare quello spirito di solidarietà salvifica che non solo ci farà sentire meno soli, ma tutti quanti insieme l'opera di uno speciale progetto creativo dentro il quale, ogni domanda trova la sua giusta risposta.

IL SEME DELLA FELICITÀ GERMOGLIA DAL CUORE DELLA MADRE TERRA

È giunto il momento di un massiccio ritorno alla Terra e di un'accorata pacificazione con la natura.

L'uomo che non possiede terra, e non dissoda, non semina, e non raccoglie i suoi frutti benedetti, non può considerarsi tale ma elemento parassita, locusta e termite, che succhia, divora e distrugge tutto ciò che incontra sul suo cammino - dal suo habitat, alla sua stessa vita.

Questa inedita specie di uomo "moderno" è come un'ape senza fiori, un pesce senza mare, un albero senza radici... una religione senza Dio.

La capacità di sognare, di amare, di credere e di sperare, è il prodotto di quel rapporto simbiotico (scambio mutualistico) che da sempre, l'essere umano ha avuto e coltivato con la Terra, madre indiscussa del nostro destino. Una Terra oggi, straziata, vilipesa, violentata e stuprata da un'orda di diavoli dai bianchi colletti e cravatte chiassose, che hanno mercificato con Satana il sangue e il futuro dei nostri figli, a fronte di vizio, potere e di perversione.

Una buona parte del vecchio mondo ha resistito fino a 50/60 anni fa, dopo millenni in cui l'uomo (quello veramente sapiens) traeva ogni suo sostentamento, vera gioia e vera pace dalla Madre Suprema; la TERRA.

Le nostre paure più perverse, attacchi di panico, stati depressivi, le infinite forme nevrotiche, epidemie tumorali e altro ancora, non sono che il risultato di questo straziante scollamento che si è consumato e prodotto fra uomo e natura.

E non ci servono psicologi, farmaci, droghe, effimere libertà, per lenire il nostro dolore esistenziale!

È giunto il tempo della Grande Riconversione Biologica; abbandonare le città per affondare le nostre mani nella terra - zappare, seminare, raccogliere e, in fine, sperare. Questa è la sola e vera conoscenza, medicamento e cura per tutti i nostri mali fisici e spirituali: ritrovare la nostra vera essenza, le emozioni, le atmosfere, la magia, il silenzio e la Fede, senza la quale nulla ha un senso.

"Il mondo delle persone cosiddette sane di mente è talmente malato, che per essere davvero sani in un mondo come il nostro, dovremmo essere folli". Osho

IO TI UCCIDERO' (La casa di ghiaccio)
https://youtu.be/_yCFfPEB6Iw

Indice

Progetto editoriale: Andrea Gallelli
Revisione bozze: Paulina Federova
Ideazione grafica di Ginevra dell'Orso